A alma secreta das palavras

777 sacadas para viver melhor a vida e os bons afetos

FERNANDO MORAES

A alma secreta das palavras

1ª edição: Novembro 2024

Autor:
Fernando Moraes

Preparação de texto:
Vitor Donofrio (Paladra Editorial)

Revisão:
Daniela Georgeto
3GB Consulting

Projeto gráfico e capa:
Jéssica Wendy

Impressão:
Plena Print

DADOS INTERNACIONAIS DE CATALOGAÇÃO NA PUBLICAÇÃO (CIP)

Moraes, Fernando
A alma secreta das palavras : 777 sacadas para viver melhor a vida e os bons afetos / Fernando Moraes.
– Porto Alegre : Citadel, 2024.
176 p.

ISBN 978-65-5047-529-1

1. Aforismos e apotegmas 2. Reflexões 3. Vida
4. Desenvolvimento pessoal I. Título

24-4406 B869.8

Angélica Ilacqua - Bibliotecária - CRB-8/7057

Produção editorial e distribuição:

CITADEL Grupo Editorial
contato@citadel.com.br
www.citadel.com.br

Com amor para as minhas meninas,
Julia e Luíza.

SUMÁRIO

APRESENTAÇÃO

Apresento a alma secreta das palavras. Sim, é isso mesmo. Alma das palavras. Se estranhou, foi sem pensar direito. Acha que é só você a ter uma?

Alma, ânima, *anima*, animar, sopro vital, energia para pensamentos e sensações. Tem mais a ver com as palavras do que com joelhos e tripas do leitor.

Alma bem secreta, essa das palavras. Conhecida por pouquíssimos.

Mas o livro, em tiragens de toneladas, aniquilará o título. Tornará seu objeto acessível a todos. A alma das palavras doravante à disposição de todos, sem distinção ou restrição, até mesmo para os bolsos mais tímidos.

Ainda mais com a Citadel, que não deixa nenhum secreto de pé, fazendo chegar no mais longe o cochichado baixinho, em conchas da mão.

Haverá quem conteste. Sempre há. Brota lucidez ali mesmo, onde menos se espera.

Numa sociedade que não lê, dar a conhecer em livro é manter o segredo do secreto a sete chaves. Mais ignorado que nunca.

Bom também, como argumento. Gostei. Quem sabe?

São aforismos. Falo do livro agora. Aforismos. Alguns lapidares. Outros também especiais. Só os terceiros, apenas muito úteis.

Denunciam todos o que não é nada secreto, tampouco ignorado. Que o autor não está a passeio. Vem de distante. Teve formação e leitura. Não caiu na Gaia letrada desavisado. Digeriu clássicos e novidades. Sabe costurar ideias. Domina o melhor jeito de enunciá-las. Parece degustar em seu labor.

Apresentar tem a ver com o presente. Indicar a presença, talvez. Meu discreto papel. Pois aí está.

Respeitável público; senhoras e senhores, rapazes e moçoilas. Sejam muito, muito bem vindas e vindos. O show vai começar. O fantástico mundo da imaginação está nas páginas que seguem. As atrações afetam mais que o prometido. Como tudo que surpreende pelo lado certo. Desliguem seus celulares. E bom espetáculo a todos.

Honrado fiquei com o convite. Falo de mim agora. Intrigado estou com os motivos. Afinal, sou camelô assumido. Vendedor de discursos *à la carte*. Sofista que só diz o que pensa na improvável coincidência da demanda. Enuncio pelo que me pagam. E sempre soube o mais óbvio: que nunca haveria vintém para quitar a venda se respingasse, na lorota boa, gota sequer de ideia sentida, de palavra autêntica.

Ainda assim tenho tino de loquaz. Sou prenhe de bons atributos. Falta-me só reconhecimento. Sempre me escapou a glória. Se nascido fora no hemisfério de cima, tudo teria sido diferente. Aí sim seriam outros quinhentos. Não teria sequer os três ou quatro incautos apreciadores de baixo.

Deixo-vos com o que importa. Coisa de sabedoria. De reflexão graúda sobre a vida nossa, a dos humanos. Certeza de que vos encantará. Assim como a prosa doce e sensata, em bar de Campinas, de quem, com pena em punho, decidiu rabiscar sem medo.

Com brilho e talento de derramar.

– PROF. CLÓVIS DE BARROS FILHO

PRELÚDIO

Um desejo antigo que eu nutria era publicar um livro de aforismos, frases curtas com reflexões profundas sobre a vida, o tempo e as coisas. Como todo escritor que se dedica fielmente com paixão pelas palavras, escrevo todos os dias para não deixar que elas desapareçam de mim. É uma espécie de necessidade, de essencialidade e de vivacidade.

Neste livro, diferentemente dos outros que publiquei, me atrevo a ofertar ao leitor uma maneira de sair do olhar costumeiro através de reflexões rápidas, mas com profundidade, em um mundo que se movimenta em alta velocidade e que cada vez mais se limita pelo imediatismo.

Este livro não contém verdades absolutas nem tem a pretensão de ser um compêndio reunindo pílulas de conhecimento; pelo contrário, nele reúno sentimentos e percepções deste autor, carregados de historicidade social e de uma profunda vontade de aprender sempre mais. Sou dos emocionados, e não busco ter razão sobre tudo; procuro, em cada aforismo, resgatar o humano que há em nós, com nossos medos, limitações, dores e amores.

Diante de tudo o que ameaça a dignidade humana e tenta normalizar o ódio sob o pretexto da liberdade de expressão, utilizo a escrita para os enfrentamentos diários que minha consciência insiste em não aceitar, como a indiferença, a arrogância, a maldade e o insulto gratuito de não compreender que as diferenças não podem servir para nos diminuir, e sim para nos engrandecer.

Com frequência sou questionado por conta da mistura que faço com a filosofia e a poesia, e mantenho firme o propósito de minha escolha, considerando que não consigo ver uma sem a outra. É a curiosidade perturbadora do desejo por aprender, do querer saber, de questionar as respostas prontas acompanhado do abraço que equilibra a alma do olhar poético que me deixa emocionado diante da vida.

Você, leitor, encontrará aqui uma mistura de pensamentos, passando pelos olhares do amor que romanceia os dias cinzentos e alegra o coração quando tudo parece não encontrar sentido, e por observações cotidianas do movimento humano, que nos convida a vigiar nossos excessos e nos condicionar à tarefa do cuidado: cuidado de nós, dos próximos, dos distantes e dos diferentes.

Espero que goste e que aprecie este mundo de frases propositalmente descontinuadas, para que você continue a reflexão por si, com seus próprios sentimentos, sentidos e propósitos, a fim de esperançar dias melhores.

– FERNANDO MORAES

"Queriam-me casado,
cotidiano, fútil e tributável?

Queriam-me
o contrário disso,
o contrário de
qualquer coisa?

Se eu fosse
outra pessoa,
faria a vontade
de todo mundo.

Assim, como sou,
tenham paciência!

– ÁLVARO DE CAMPOS

DAS OBSERVAÇÕES E REFLEXÕES DO COTIDIANO

DAS OBSERVAÇÕES E REFLEXÕES DO COTIDIANO

1. Tem gente que usa o divino como escudo moral da sua própria imoralidade. São cheios de narrativas revestidas de religião. Se vestem de "amém", "a Paz do Senhor", "fica com Deus", e nas redes sociais parecem santos com seus textos de fé e resignação. Mas a língua, as atitudes, a inveja e todo o ódio que escondem no coração só servem para ferir, corroer e destruir.

2. Não deixe os entulhados despejarem seus excessos em você. Há muitos que passam a existência achando que a vida lhes deve. Terceirizam suas frustrações, insucessos, infortúnios, inveja, avareza, ódio e ingratidão para os outros. Deus conhece a sua luta. Para o bem ou para o mal, nada resistirá aos propósitos que Ele plantou em seu coração. Vigie e prossiga!

3. A inveja é a lama dos sentimentos. Vigie suas bênçãos. Tem gente pertinho de você que não lhe quer bem. Te sorri, te abraça, te cumprimenta, mas o coração é seco e infértil de bons afetos.

4. Há por todos os lados almas analfabetas, que são incapazes de ler um coração letrado de amor.

5. Tem gente que é chata até para pedir favor. Não sabe nem agradecer e ainda diz: "Obrigado por enquanto". Não seja essa pessoa, a cota da chatice do mundo já foi batida.

6. Estamos rodeados de telepatas que julgam saber o tempo todo o que o outro vai dizer. E ainda aproveitam para codificar a vida alheia, colocando-lhe palavras e jugos morais.

7. Há pessoas que envenenam o convívio. Sorrateiramente, esparramam confusão. Plantam uma mentira no ouvido de um, outra no ouvido de outro e, com falsidade, se projetam como o ombro amigo de suas próprias maldades.

8. O bom afeto como tarefa do cuidado. Há uma urgência em cuidarmos uns dos outros. Acolhendo os que sofrem. Aceitando os diferentes com o avivamento da generosidade, da solidariedade e da compaixão. A finitude nos levará deste tempo, não se importando com seu *status*, bens materiais, cargo de poder, cor da pele, religião ou qualquer outra coisa que pertença a este mundo. Vigie seu coração!

9. Há pessoas que não lhe querem bem. Invejam a sua vida e amaldiçoam suas conquistas. Elas estão por perto, às vezes se sentam à sua mesa e desfrutam da sua generosidade. Essa gente não prospera, vive perturbada. São escravos do próprio ódio. Não se preocupe, confie no seu coração. Deus o conhece, e toda armadilha cairá por terra. Vigie e confie!

10. Cuide do seu coração, dos seus bons sentimentos. Há olhos desalmados ao derredor.

11. Aquiete-se. O tempo não reage bem a almas afobadas. Não se faz procissão correndo, o santo cai.

12. Há pessoas que têm etiquetas de preço, e outras que têm valor.

13. Não compartilhe suas bênçãos com quem se alimenta de maldições.

14. Nascemos com uma quantidade certa de palavras. Quando elas acabam, morremos. Como você tem utilizado suas palavras? Todas precisam ser ditas? A língua sem justa medida é cruel e insana, mas o tempo a engole.

15. Ele me ofereceu o melhor que tinha. Me serviu um refrigerante que já não tinha mais gás e estava quente. Mas a alegria em servir era singular e afetuosa. A simplicidade nos salva os olhos deste mundo cada vez mais povoado de crueldade. Qual é o seu servir? Entre discursos religiosos e narrativas de pátria amada muitas vezes se esconde uma alma imoral, perversa e incapaz de sentir a dor do outro.

16. Em algumas situações da vida, a ausência é curadora. Ela nos faz perceber presenças com maus afetos.

17. Cuidado com o ressentido, ele disfarça com sorrisos a sequidão de sua alma.

18. Ouvir aquela fala tão rude, sem carinho e autoritária, tudo tão distante do Deus em que acredito. Aquele religioso só tinha a ofensa para ofertar, determinando quem iria ou não para o Céu. Fiquei pensando nas surpresas: primeiro, quem achava que iria para o Céu e não foi. Quem achava que não iria foi, e, por último, era eu a estar lá.

19. Telefonemas adiados. Reconciliações adiadas. Perdões adiados. Amores adiados. E o tempo passa levando com ele a finitude de tudo.

20. Almas desertas, bocas secas. Disparam flechas inflamadas de maus afetos. Julgam, entulham, invejam e dissecam a vida alheia. Eles não suportam nada próximo ao amor. Estão disfarçadamente perto de você.

21. Confúcio, em seus gestos nobres, nos lembra que, diante da amizade, cuidado com a fala. Por vezes, uma palavra áspera, uma crítica seca ou um ato impensado causam rupturas doloridas. Ser silêncio também é um ato de amor.

22. Diante da euforia em dar respostas, nos esquecemos das perguntas. Tudo que um autoritário deseja é uma resposta que perpetue e afaste qualquer pergunta, pois sabe que o conhecimento é uma arma poderosa.

23. Não exija das palavras o que o seu testemunho não alcança. Moralismos rasos com estética conservadora sempre abrigam uma alma imoral. A fala acusatória, santarrona e divinizada cria um Céu para encobrir o seu próprio Inferno.

24. Não se apresse com o que não quer e não merece intensidade. Cuide da sua própria força motriz.

25. Há corações que se apresentam como ouro, mas não passam de ferrugem.

26. Quantas pessoas cheias de razão! Gritam. Intimidam. Atacam. Rasas no argumento e curtas na visão. Tudo para elas é culpa dos outros. Almas transeuntes, vagantes e sem sentido. A idiotização é barulhenta e, como o tambor, ela é oca.

27. Sentados na calçada, ríamos da vida. Tomávamos banho de chuva com uma alegria incomum. Corríamos pelas ruas, livres e destemidos. Como pode alguém que viveu isso se tornar amigo do ódio, da intolerância e da insensatez? Analfabetos de afetos. Amantes de si mesmos. Almas tristes. Eles estão por toda parte. E querem entulhar nossas vidas.

28. Vigie suas palavras. Uma vez lançadas, elas podem ferir. Magoar. Anular e fazer sofrer. Mas, se bem refletidas, podem curar. Libertar. Salvar. Renovar e promover esperança. Arrepender-se por dizê-las também é se realfabetizar de vida. A palavra é o que você testemunha.

29. Dois monges caminhavam juntos quando se depararam com uma mulher machucada às margens do rio. O monge mais velho rapidamente colocou a mulher nas costas e atravessou o rio. O monge mais jovem ficou atônito e indignado. E, sem aguentar sua ira, questionou o colega sobre como poderia alguém que fez voto de castidade tocar numa mulher. O mais velho, com muita calma, respondeu: "Carreguei aquela mulher necessitada por dois minutos, e você, depois de um dia de caminhada, ainda a carrega". O moralismo, o fanatismo e o conservadorismo carregam suas almas imorais.

30. Você conhece aquela turma que começa o dia com "a Paz do Senhor... Vá com Deus... Deus te abençoe... Que o seu dia seja abençoado...", mas passa o tempo todo infernizando a vida alheia, julgando, entulhando maus sentimentos? Cuidado com o excesso de moralismo conservador, ele esconde trevas. Abra o seu olho!

31. Vigie suas boas-novas. Energias contrárias existem. Não esmoreça. Continue sua caminhada. A inveja e o ódio não resistem ao amor.

32. Qual a dificuldade de se alegrar com a alegria alheia? E por que comemorar o desfortúnio alheio? Não esqueça que você é o alheio de alguém. E mantenha-se vigilante...

33. Jardim é um tema vasto na poesia. Por todos os seus significados, sentidos, delicadezas e belezas. Mas todo jardim tem seu lado triste. E não é sobre o que deixou de brotar ou aflorar, e sim sobre o que não é percebido. Vigie seu jardim.

34. Atenção às aparências. Elas podem se apresentar fortes e sólidas por fora, mas muitas são ocas, vazias de qualquer traço de humanidade.

35. Não barganhe seu coração. Amar é dom gratuito. Se lhe impõe algo que altere sua essência, amor não é.

36. Confesso o abatimento do meu coração. Recebo este anoitecer para desfraldar o meu choro e ouvir os gritos de indignação dentro de mim. A maldade existe. Vigie, ela está ao derredor. Abatido, mas não derrotado. A esperança em mim floresce, e continuo sendo amor.

37. Mesmo que os olhos já não possam mais ver e que os corpos já não possam mais se tocar e que não seja mais possível sentir o cheiro da presença, que o vento ao rosto nos lembre das delicadezas e belezas de todo amor que vivemos.

38. A petulância é a frágil máscara dos idiotizados.

39. Entre nós e o nada, a sombra de Deus atravessa.

40. A serenidade é a aceitação das incertezas ao longo da vida.

41. Inferno é todo lugar onde Deus está ausente.

42. Tem gente que acha que sua própria bênção depende da maldição dos outros. Cria falácias, mentiras e desqualifica histórias e trajetórias. Julga sem conhecer as lutas, as dores e os infortúnios. Seja um bendizer: a lei do retorno é implacável.

43. Como é bonita uma alma nobre, que se compadece com generosidade. É bom lembrar que tem muita gente ao nosso redor passando por situações tão difíceis, com tantas lutas, quando não em desespero. Seja capaz de colocar o seu coração no sofrimento alheio. É simples: não julgue, não rotule, não entulhe e não difame. Um dia, poderá ser você nesse mesmo lugar. Humanize-se...

44. Em toda aproximação se aumenta o campo da visão. Passamos a ver com maior nitidez, e aos poucos tudo vai se desnudando. Identifique as imperfeições, elas são mais importantes do que as imagens ilusórias da perfeição. Sabendo disso, entre o que aceitar e o inaceitável, o que ficar será o essencial.

45. O exibicionista é apenas alguém cheio de vazios no lado de dentro mentindo para si mesmo no lado de fora.

46. Comove-me um coração quebrantado. Que não tem a ver com despedaçado, mas que deixou de ser endurecido e passou a se mover com amorosidade. Que se emociona, que se ternura e faz tudo à sua volta respirar. Quebranta-me, restaura-me.

47. Ache-se. Tenha-se. Sinta-se. Valorize-se. Mantenha-se.

48. Amadurecer é descobrir o outro lado das coisas.

49. Como é bom encontrar pessoas que ainda falam de sonhos e esperança. A sequidão do mundo vem desertando as emoções. Quando perdemos a capacidade de sonhar, de nos emocionar e de esperançar, nos esvaziamos de sentidos e propósitos, tornando a vida apática e sem graça.

50. Viver com intensidade não é igual a viver com pressa. O apressado não contempla as belezas; já o intenso dança com elas.

51. A arte existe para escaparmos do óbvio. Quero a imaginação para encantar e reencantar o meu coração. Livrai-me do tédio dos amorfos de emoção e secos de coração.

52. É no acaso, no inesperado e no incomum que são despertados os mais especiais sentimentos. A prontidão do mundo não pode vencê-los. Perceba-os...

53. Escrevo para me alfabetizar de afetos. Na soma das palavras, a frase. Na multiplicação das frases, o texto. Um letramento de emoções.

54. Ferida antiga e aberta é imunidade baixa de perdão.

55. Diante do ilusório "eu sou" do mundo, prefiro o "eu preciso de Ti". Senhor, sonda o meu coração. O Teu cuidado me basta.

56. Tem gente que brilha somente onde racha.

57. Que beleza incomum, mesmo para um olhar poético. Ela tinha a alma toda em girassóis, forte e vibrante como uma tela de Van Gogh. Uma arte viva, sinestésica e anestésica de encantos.

58. Tem gente que, neste momento, ainda está procurando fazer a primeira refeição do dia, muitas vezes no lixo que produzimos. Não use a zona de conforto para medir ou definir o mundo à sua volta. Seja gentil com as dores do mundo.

59. Quem utiliza a fé para explicar algo corre o risco de perdê-la. Fé é um sentir que, no meu caso, me alivia do cansaço do mundo.

60. Para obter algumas respostas, ofereça, de vez em quando, a sua ausência.

61. A ironia é a benevolência do invejoso.

62. É irracional alguém ofender outra pessoa e injustificável quais sejam as diferenças motivadoras. A estupidez é a revelação da idiotização cultural, dessa gente que confunde direitos com privilégios, que, por viajar para fora do país, se categorizam superiores e iluminados. Observe que não tem erro: gritam, ostentam, são valentões em suas zonas de conforto e de uma cafonice extrema.

63. Tem uma gente que vive julgando o modo de ser dos outros. Falam de tudo: das roupas, do cabelo, da sexualidade, da cor de pele, da religião. Atuam como vigilantes do peso e da aparência alheia, parecendo não ter espelho nem balança em casa. Não passam de almas tristes e atormentadas, que não se aceitam e morrem de medo de descobrir o que são e o que fazem escondidos do mundo. Por isso, odeiam os que vivem livres com suas escolhas, resolvidos e plenos, sendo apenas o que se é.

64. Toda forma de amor é um descansar. Se incomoda os de fora, se aconchegue sem demora.

65. Cuidar dos outros é uma coisa, envolve alteridade. Agora, cuidar da vida dos outros é outra coisa, é o reconhecimento de seus próprios vazios. Contenha-se.

66. Em sua maioria, as desculpas tranquilizadoras são castigos adiados.

67. Nada é tão extraordinário quanto o bem inesperado.

68. Tem gente que parece GPS. Nos dá tanta certeza de que vamos chegar a algum lugar, e, assim, prestamos tanta atenção pelo medo de errar, que perdemos as belezas e surpresas do caminho.

69. Hoje vi uma criança encantada com a escada rolante. Ela descia, subia e ficava olhando os degraus desaparecerem. Quanta delicadeza tem a inocência indocumentada e descontaminada do mundo.

70. Não julgue pelo que se vê. Tem muito sorriso bonito e vida de perfeição "instagramável" com uma profunda enfermidade na alma.

71. Há pessoas que acham que a sua bênção é a maldição delas. Cuidado, essa gente está ao seu redor, é mansa na fala e invejosa na alma.

72. Diante da fala raivosa que grita e vocifera o ódio, só vejo uma existência desejosa do que tanto insiste insultar.

73. A antipatia é a vestimenta que a nudez da cafonice exibe como última tendência.

74. A solidão que gela a alma não é aquela despovoada do mundo, mas sim a sequidão do coração, a ausência do olhar de amorosidade, a falta de respeito com as diferenças e os preconceitos que tanto ferem a dignidade alheia. E, assim, os desertos existenciais se criam. Mas é sempre tempo para redenção, pois o amor nos cura e nos salva de nós mesmos.

75. Pior do que poder é o micropoder. A pessoa tem um carguinho e se acha a dona do mundo. É grosseira, humilha, desrespeita e magoa os outros, apenas pra sentir a sensação de que é poderosa e importante, mas na verdade só quer disfarçar o medo de ser insignificante.

76. Boas-novas virão como campos verdejantes após a tormenta. Aquiete-se.

77. Na maioria das vezes, tudo o que precisamos não é da sabedoria teológica nem secular, mas de um abraço que nos acolha, de um silêncio que nos envolva e de um ouvido que nos devolva.

78. Se for entregar-se a um relacionamento, seja de qualquer natureza, entregue sempre e somente os seus bons afetos, nunca a sua vida. Tenha-se.

79. Uma coisa é enfrentar as lutas diárias e seguir em frente. Outra coisa é entulhar a vida dos outros, achando que a vida lhe deve e que tudo é culpa de alguém.

80. O intolerante que fere a dignidade dos outros não passa de um negador de si mesmo. Todo discurso moralista e santarrão esconde uma alma imoral.

81. Não utilize a claridade para ofuscar a vista de quem quer que seja. A nossa bênção não depende da maldição dos outros. Seja gentil!

82. Todo adulador é um potencial traidor. Concorda com tudo, alisa o ego, fala o que o adulado quer ouvir e, sem nenhum pudor, num estalo, muda de lado, é sempre um fingidor.

83. É importante lembrar que o problema do racismo é das pessoas de cor branca. Por isso, acredite numa pessoa negra quando ela disser que existem racismo e preconceito. Não questione o Dia da Consciência Negra, reflita.

84. – Você a perdoou?

– Sim.

– Como?

– Esquecendo-a.

A renúncia a algo que aos olhos dos outros parece absurda, mas que lhe faz mal e lhe tira a paz, exige mais dignidade do que orgulho.

85. "Por que você fica em silêncio durante longos períodos?" É porque cada um de nós tem uma quantidade certa de palavras. Uma vez que acabamos com essa quantidade determinada, morremos, por isso economizo. Quero viver um pouco mais. Cuidado com a língua!

86. – A minha igreja é a melhor.

– Que bom que acha isso!

– Sim. Mas, quando digo que é a melhor, é porque lá habita o deus verdadeiro, e não essas imagens e bobagens inventadas.

– Se você se sente bem lá, que bênção, assim como os outros também se sentem bem em suas religiões, e está tudo certo.

– Nada disso. Na minha igreja se expulsam demônios. A sua não faz isso.

– Tem razão. Na minha, eles nem entram.

87. Em sua filosofia existencialista, Sartre nos presenteia com a ideia de que a liberdade é por si mesma uma condenação, e, sendo assim, estamos todos condenados a ser livres.

88. Aristóteles e seus discípulos gostavam de filosofar enquanto passeavam pelos jardins do Liceu. Ele acreditava que o movimento do corpo que se exercitava ao caminhar irrigava mais sangue ao cérebro, melhorando, assim, as performances cognitivas. Método peripatético aristotélico. Experimente!

89. Quando o coração se movimenta entre mundos diferentes, o Amor se revela com alteridade ágape. Um filósofo e uma médica, um encontro entre a medicina e a filosofia entre ideias, sentimentos, reflexões e muito afeto. Uma caminhada peregrina de introspecção, de olhar para dentro, sempre em movimento para esperançar dias melhores.

90. A compaixão é um ato de justiça, como prega a filosofia de Levinas, em que o olhar do outro nos faz exigências de extensão teoricamente infinita, reafirmando a condição de que um ideal não deixa de ser inspirador só por julgarmos impossível nos atermos a ele.

91. Liev Tolstói dizia que a razão da nossa raiva está dentro de nós. Não está nos outros. Na cor da pele, na preferência religiosa, na sexualidade, no pensar diferente ou em outras diferenças que existam entre nós. Está bem aí, dentro de você. Muitas vezes são vontades reprimidas, traumas e desejos não resolvidos. Olhe para dentro. Converse com seus medos. Não é justo odiar até mesmo aquilo que não tem nada a ver com você. A raiva, a ira e o ódio que uma pessoa sente dizem mais sobre ela do que sobre os outros. Liberte-se! Mova-se!

92. Faço uma filosofia social, talvez até inconsciente. Alguns me criticam e a caracterizam como autoajuda. O que não me constrange, pelo fato de acreditar que de alguma forma o que digo ou escrevo pode ajudar alguém. Continuo sempre obstinado em fazer a filosofia descer de seu pedestal intelectual e distante dos mortais. Não quero ser um filósofo erudito, e muito menos ficar perto dos discursos angelicais que flanam de suas moradas sem abrir mão de suas zonas de conforto ao som de música clássica (apesar de apreciá-la). Quero não degenerar em discussão inútil... Não quero ter razão.

93. Assim como na filosofia, o espanto é gerador da curiosidade, e no amor também se faz necessário. Perdemos ao longo do tempo o susto do amor, de nos impressionar com os sentimentos. Estamos tornando o campo afetivo um produto de mercado. Dependendo da situação, vamos à prateleira e nos contentamos com a pronta-entrega. O amor é uma construção, um movimento permanente.

94. O filósofo Rousseau afirmava que o homem nasce livre e por toda parte encontra-se a ferros. O que se crê senhor dos demais não deixa de ser mais escravo do que eles. Por isso, a famosa e arrogante expressão "Você sabe com quem está falando?" só demonstra que os iguais não se reconhecem.

95. É preciso estar desperto. Para Sartre, o indivíduo desperto não é Roquentin, fixo em objetos pelos cafés e parques, nem Sísifo, de Camus, empurrando uma pedra montanha acima. A pessoa desperta é alguém que se concentra em fazer algo que tenha finalidade, significado e sentido, pois só assim se é livre num mundo robotizado. Desperte-se!

96. Tem gente que diz que é. Tem gente que diz que foi. Tem gente que só diz: "Eu sou...". Eu... Eu... E, assim, não escapamos da máxima existencialista de Sartre: "O inferno são os outros".

97. Não sou um filósofo erudito. Gosto da simplicidade do Ser como prática filosófica. A reflexão da vida cotidiana é um convite aos mais belos pensamentos e sentidos. Me sinto como se estivesse num diálogo com grandes pensadores, desde um café de coador com Nietzsche até uma boa moda caipira com Sartre e Simone de Beauvoir.

98. Todo gesto gentil é um respirar num mundo que idolatra o hostil. Gentileza é a elegância em máxima intensidade, com charme e educação transborda civilidade.

99. Para Henri Bergson, a alegria está intrinsecamente ligada à criação, é a experiência de culminação da vida. Para ele, diferentemente das definições gregas de que a alegria são pequenos instantes, toda alegria tem um toque triunfal. É na intensidade que vamos percebê-la. Não seja morno!

100. Jean-Paul Sartre sempre insistiu que o importante não era o que já passou, mas sim o futuro, o que ainda está por vir. É necessário estar sempre em movimento, criando o que será, agir no mundo, deixar uma marca e enfrentar o comodismo, o conformismo e a imobilidade. Mova-se!

101. O filósofo estoico Epiteto escreveu, em seu *Manual*, a diferença entre o que depende de nós (fatores internos) e o que não depende de nós (fatores externos). Ele fez uma observação importante: que estamos sempre atrás de desejar mudar o que não depende de nós, deixando de promover a transformação daquilo que depende de nós. Tempo de Ser para ligar o essencial ao existencial.

102. O filósofo Michel de Montaigne dizia que existe uma amizade que cada um deve a si mesmo, sem a qual ninguém poderia amar a vida e os outros. O amor-próprio é preponderante para estabelecer nossas relações. Somos dotados de uma comunidade de afetos. Basta saber como distribuímos e dosamos a intensidade.

103. Sou declaradamente um filósofo cristão. Nas rodas da filosofia, em função desse posicionamento de fé, acabo por sofrer algumas rejeições. Mas isso não me tira a beleza do que creio, que move o meu servir, dando sentido às coisas deste mundo.

104. Diógenes de Sinope, o filósofo mendigo. Na simplicidade, a sabedoria reluz. Diógenes não se preocupava com o mundo estético, com honrarias ou qualquer coisa do mundo material. Enxergava beleza nas coisas e situações mais simples da vida. Certa feita, Alexandre, o Grande, quis conhecê-lo. Ao encontrá-lo, solicitou a Diógenes que pedisse o que quisesse, e este pediu a Alexandre que saísse da frente, pois estava tapando a luz do sol. Diógenes estava, com esse ato, demonstrando de quão pouco necessitava para viver bem, conforme sua natureza. Essa resposta impressionou Alexandre, que, na volta, ouvindo seus oficiais zombarem de Diógenes, disse: "Se eu não fosse Alexandre, iria querer ser Diógenes". Enquanto muitos obstinadamente querem ser o Grande... Vamos achar o Diógenes que há em nós. Mova-se!

105. A cultura do Ter, sustentada por uma ideia da vida boa, criou a feliciologia. Nunca se viu tanta produção textual sobre os caminhos da felicidade. Até filósofos se apropriaram dessa narrativa para fins capitais. Não julgo, não repreendo; entretanto, não consigo pensar em uma vida feliz sem o pressuposto de ter sentido. Achar sentido é preponderante para se encontrar consigo mesmo, se encontrar no mundo e nas coisas.

106. Existe um ceticismo reinante entre nós, como nuvens carregadas e cinzentas, para não se ver o azul do céu. Esse ceticismo vem dos falsos testemunhos e atitudes. Vejo pessoas que se apresentam com discurso religioso, conservadoras da moral e dos bons costumes, mas que demonstram contradição em suas capacidades de amar, respeitar, tolerar e aceitar o que lhes é diferente.

107. O filósofo chinês Mêncio falava de uma virtude: "Todo ser humano tem um coração que reage ao intolerável". Não é bem isso o que testemunhamos no tempo presente. Entretanto, a constatação de Mêncio é essencial para recuperarmos a nossa essência de humanidade. Sem um coração capaz de compaixão pelo outro, não somos humanos.

108. Sou um filósofo que respeita todas as religiões, sem acepção. Não acredito num Jesus que odeia. Não acredito num Jesus pistoleiro. Não acredito num Jesus que segrega. Na busca da bênção, entre o feijão e a pistola, me feijoarei.

109. Interesses instantâneos também se desfazem de forma instantânea. Quero verbalizar em mim o Thaumatsen. Quero maravilhar-me. Encantar-me. Espantar-me com as coisas simples e seus pequenos gestos. Ando desinteressado de trivialidades.

110. Sócrates tinha convicção de que todas as falhas humanas tinham a mesma raiz: a falta de conhecimento do bem. Aquele que conhece o bem faz o bem. Ele dizia que a virtude pode ser aprendida. Fazer o bem não pode ser uma relação de mercado, de troca de interesses. É uma virtude da alma, que só tem valor se experienciada e vivida.

111. Epicuro nos advertiu sobre a importância de valorizarmos o que temos. Ele nos alerta que não podemos arruinar o que temos por desejar o que não temos. Até porque o que temos agora esteve entre as coisas que um dia desejamos. Aprender a Ser para Aprender a Ter, e compreender assim o Conviver.

112. Santayana acreditava fervorosamente que a imaginação criativa é fundamental para a atividade humana. A busca por imaginários de conquistas está na essência de como percebemos o mundo. Essa percepção, quando repleta de afetos, sentidos, pertença e alteridade, impacta profundamente o imaginário coletivo. Quais imagens o habitam? Isso diz muito sobre você.

113. Em tempos de hegemonia das redes sociais, das relações instantâneas, virtuais e geralmente superficiais, da modernidade líquida – no termo popularizado por Zygmunt Bauman –, a identificação com o Outro que é igual a nós mesmos representa um enorme desafio. Estamos em tempos da humanidade desenraizada, com vínculos cortados.

114. Liev Tolstói disse que a razão para a sua raiva está dentro de você. Não transfira aos outros seus ressentimentos e frustrações. A falta de sentido produz o horror. Antes de julgar a vida alheia, encontre seus ódios, e verá que é apenas um prisioneiro do não viver. Liberte-se!

115. Acolho e respeito toda crença diferente da minha. Nietzsche disse que não tinha nada contra Cristo, mas sim contra muitos daqueles que só sabiam odiar e humilhar seus diferentes e que matavam Deus com seus falsos testemunhos.

116. Em seus ensinamentos, Platão deixou claro que não há nenhuma atividade específica para a mulher só por ser mulher. E, ao mesmo tempo, que também não há uma atividade específica para o homem só por ser homem. Para Platão, os dons são regularmente distribuídos entre os dois sexos.

117. Desconecte-se. Fique apenas com seus sinais.

118. Devolva-se ao seu lugar de paz. Apenas você pode fazer isso.

119. Quando nos perdemos de nós? Essa era a pergunta mais intrigante. E como o sopro que inaugura e finaliza a vida, viramos sensações de um tempo que nunca mais voltará. É preciso seguir...

120. Hoje vi um homem falando sozinho. Parecia sem domínio próprio. Ninguém o olhava ou o percebia. De repente, ele veio em minha direção e disse: "Não endureças o teu coração, o que te olha por todos os lados tudo sabe de ti, e te sonda com amor", e rapidamente se afastou e sumiu. Perguntei para o frentista, que negou ter visto alguém. Perguntei para a moça do caixa, que também o viu, ela apenas sorriu e nada me disse. Um bom sentir. Choro o choro de um coração quebrantado, preciso...

121. Mulher como conceito de totalidade. Ser livre, estar livre e autônoma, para esperançar liberdade sempre.

122. Fazer o bem dá reconhecimento, *status* e poder, coloca o benfeitor na frente, no ápice, no *glamour* do topo, acredite. Mas que bem é esse que torna necessária uma premiação?

123. Estar alegre é viver em plenitude, é se negar a estar triste o tempo todo, enfrentando os desafios e medos que a vida impõe sem culpar a si mesmo e muito menos os outros.

124. Nossos desejos ou nossas crenças, na verdade, não importam: nossas individualidades são anuladas, e a anulação do que somos se materializa por meio do consumismo exagerado, do ter pelo ter.

125. A compaixão é um estado absoluto de fé em movimento, de confiar sem a necessidade de ver, pois o alvo da visão é a certeza.

126. O espaço comum é aquele em que encontramos os outros como eles são, sem as vestes daquilo que lhes confere algum poder.

127. O amor é como o mar, independentemente dos movimentos, ele continua com sua força.

128. O lugar de existir é provocado por nossa capacidade de nos reconhecer nos outros.

129. Compadecer-se com alegria nos dá a certeza de que a compaixão não pode ser formatada ou colocada num rótulo: ela se convida a florescer e convida todos a compreender um mundo que nos foi dado gratuitamente.

130. Escrever é um ato de liberdade. Cura, acalma, desperta, liberta, faz sonhar, acreditar, e aviva a alma. É sentir-se abraçado pelas palavras.

131. A compaixão é um estado absoluto de fé em movimento, de confiar sem a necessidade de ver, pois o alvo da visão é a certeza.

132. Renovar é dar sentido àquilo que não tem sentido. Renovar sentidos, para que possamos estar em constante transformação.

133. Mova-se, refaça a sua história ou escreva uma nova. Fale, ouça, reflita, veja-se no outro, perceba-se como humano, protagonize novas alternativas e compreenda que você só é você porque existe o outro.

134. Sentir é criar. Sentir é pensar sem ideias e, por isso, sentir é compreender, haja vista que o Universo não tem ideias.

135. O avô morreu. O pai morreu. O filho morreu. Parece trágico... Não... Não é. Nada melhor do que as coisas acontecendo no seu devido tempo.

136. A generosidade não usa grife, ela anda com os pés descalços.

137. Gosto da palavra VISÃO. Palavra que foi dicionarizada no mundo corporativo junto com a palavra MISSÃO. De tudo o que li sobre, foi num texto bíblico que os meus olhos leram com o coração, no livro de Habacuque: "Escreva a sua VISÃO em tábuas, para que quem passe correndo possa ver com facilidade, pois a VISÃO tem um tempo determinado, ela tem início, meio e fim, pode até tardar, mas não falhará". Escreva a sua VISÃO e cumpra a sua MISSÃO. A sua bênção não depende da maldição do outro.

138. Atente-se às almas sombrias. Elas não suportam luz e se sentem agredidas por tudo o que as possa iluminar.

139. Conhecimento nos faz conhecedores. Mas é a comoção que nos humaniza. Sou dos comovidos, choro por tudo que me toca a alma. É através das emoções que saímos da mesmice existencial. Gente morna me constrange. Comover-se é se encontrar com a vida.

140. Quanta dificuldade em cultivar a gratidão! Corações desérticos por todos os lados. Nenhuma brisa sequer. Almas penadas em vida. Nenhum barulho de amor. Silêncio no Céu. Silêncio na Terra. Silêncio em Nós.

141. Somente o soprar do verbo limpa a poeira que obscurece a vida.

142. Diante do tempo, das coisas e da nossa temporalidade, é essencial nos lembrarmos de que não estaremos aqui para sempre. Isso nos ajuda a apreciar as belezas, gentilezas e delicadezas da vida.

143. Há almas desertas disfarçadas de abundância. Não são capazes de perceber o outro à sua volta. Escravos de seus egos e áridos de amor, de generosidade e de respeito. Ainda bem que há almas jardinadas, que nos fazem florescer em seus jardins de amorosidade.

144. Tudo o que não é essencial é Vício.

145. Em tempos de gestos não gentis, um favor é sempre preferível a um presente.

146. Quase sempre o que nos parece nos ofende.

147. Quer seja bom ou ruim, o sentir promove a palavra. Revise seus textos sentimentais.

148. Aprecio pessoas de hábitos simples, que não querem ser nada além do que são, refinadas de alma e delicadas de gratidão. Fazem da vida uma celebração de amor. Não há grife ou etiqueta que alcancem tamanho valor.

149. Nos programas de humor, há sempre gargalhadas de fundo, e isso não é para nos fazer rir, mas para criar a sensação de que somos partes de um público maior compartilhando o momento. Assim também é a fé, seja ela qual for. Reunimo-nos não porque Deus ou a divindade está naquele local físico – até porque sabemos que podemos achá-los em todos os lugares, em especial dentro de nós. Mas o encontro amplia a noção de expansão, de comunhão e de pertencimento.

150. Alguns acreditam que *status*, *glamour* e riquezas mundanas lhes conferem o direito de comportar-se como imortais e intocáveis. Isso é tão ilusório quanto tripulantes da área VIP de um navio em naufrágio que se sentem seguros na proa, copos de uísque em mãos, à espera da pedra de gelo para comemorar o naufrágio de suas almas.

151. Cuidado com os bajuladores, são mais perigosos do que os que se servem deles. Descartam tudo em função de suas pobres existências.

152. Nunca negue os olhos que o acolheram quando você era invisível ao mundo. A vida lhe cobrará. Mesmo que possa tardar, ela não falhará. Ingratidão é a sequidão do coração.

153. Busque a luz não para clarear, e sim para esclarecer. Há muito a ser revelado.

154. Condenar a si mesmo não é menos pretensioso do que absolver-se. Examine-se.

155. Os esnobes olham os outros de cima para baixo porque não suportam a visão horizontal, ela os deixa sem altura.

156. Para corações contritos, respire. Acalme a mente. Traga à memória o que o acolhe. Entre amores e dores, há coisas que não podemos controlar, mas há também o nosso poder de escolha. Ouça a si, você tem muito a dizer a você.

157. Gente doente, que padece de ausências. Ausência de humanidade. Ausência de empatia. Ausência de solidariedade. Ausência de generosidade. Gente doente da alma e do espírito. Vivemos o tempo patológico das ausências, dos vazios e das superficialidades.

158. A palavra ACOLHER me toca a alma. Vem do latim *acolligere*, que significa levar em consideração. É um ato humano carregado de amorosidade. Acolher os que sofrem, que às vezes só precisam do abraço ou da palavra consoladora. Acolher os próximos, os distantes e os diferentes. Acolher como sentido do servir, sem acepção, apenas uma gratidão do coração.

159. Somos impactados por bons e maus afetos. Os bons dão potência à vida. Os maus nos tiram a esperança. Mas, para muitos destes, se o fazem sofrer, interrompa. Se lhe causam dor, interrompa. Se o aprisionam, interrompa. Se não o deixam respirar, interrompa. Se o angustiam, interrompa. Interrompa já, mude o curso, a vida merece mais.

160. Tudo o que acontece dentro e fora do meu ser me constitui. Sou autor das minhas dores e amores. Por isso, poetizo. Não para agradar, mas para sair do mundo, sair de mim.

161. Sucesso não é ser conhecido no mundo, muito menos se enfeitar de adornos materiais. Da minha simples existência apenas quero, no fim, poder ouvir a doce voz: "Filho, eu te conheço".

162. Onde não há espontaneidade, não fique. Você corre o risco de perder a si mesmo.

163. Não se deixe impactar por vozes que transbordam entulhos. Basta olhar para aquele que nos insulta que saberemos que estamos no caminho certo.

164. O ato de educar não se resume aos conteúdos formais, mas em despertar o humano em nós, o que há de decente em todos contra o que há de mal em todos.

165. Quanta bondade há nos gestos de delicadeza. Desde o "Bom dia!, "Boa tarde!, "Como você está?", "Orei por ti", "Obrigado", "Por favor", "Com licença" e tantos outros que acolhem as nossas diferenças. Que não insultam, não gritam, não humilham, agindo sempre com respeito e alteridade, e que educadamente são solidários à existência humana.

166. Quem define o que prefere não exclui. Apenas organiza o que não fere a sua paz.

167. A perversidade sempre desperta uma secreta admiração de imbecis.

168. Gente esnobe. Que olha de cima para baixo. Se acham sofisticados, mas não passam de cafonas iludidos. Preguiça...

169. Antes da palavra que chama cada coisa pelo nome, conheça o recôndito do meu coração. Renove-me...

170. Toda dor é um tempo que se esvai. Tempo de alegria, de encantos, tempo de sorrir. Temporize-se do que lhe faz bem e viva.

171. Pare de procurar respostas e justificativas em tudo. Essa prontidão exagerada o rouba do seu coração. Escute-o...

172. Preciso me afastar. De algumas pessoas, de algumas coisas e também de mim. Olhar tudo com certa distância. Sou falho, limitado e vulnerável. Preciso-te...

173. Não importa o que se foi. Não importa o que será. Não importa o que há de vir. Que a poesia conte a nossa história.

174. Diante do descaso, da indiferença e do desamor, o importante é não abandonar a si. Domine-se e prossiga.

175. Sem essa de que o tempo é capaz de pôr tudo no lugar, você pode não o ter...

176. Visitei o túmulo de um amigo. O silêncio do lugar me tomou de boas memórias. Tantas histórias, sonhos, planos, desejos, dores, amores, alegrias e sofrimentos ali se findaram. Cuide do seu tempo, do seu existir. Tudo o que existe, o que amamos, do que não gostamos, o que ignoramos, inclusive você e eu, vai desaparecer. Dê potência ao que verdadeiramente importa.

177. Quando é necessário explicar a fé, corre-se o risco de perdê-la. Se lhe faz bem, apenas sinta, o extraordinário pode acontecer a qualquer momento.

178. Não seja desagradável. Tem gente ao nosso redor com lutas gigantescas, que causam dor e sofrimento. Vista-se de gentileza para sair às ruas.

179. É preciso dar tempo a um outro tempo. Seja impaciente, tenha pressa em cuidar do seu tempo.

180. Há jardins onde o solo é de concreto. É frio, duro e sem vida. Você rega, cuida e nada floresce. De repente, por um detalhe, percebe que as flores são de plástico, e que nada, diante de tanto afeto, foi real.

181. Não há coisas supérfluas, mas mentes supérfluas.

182. Atenção aos desavisados da escravidão estética e da ilusão do ter: o órgão do prazer é a inteligência.

183. Essa positividade exagerada nada mais é do que uma alma enferma pedindo ajuda.

184. Diante de tanta verdade inventada para ser o que não se é, ser apenas o que somos é uma arte.

185. Quando a vida o maltrata, o reacionário invoca direitos.

186. Nada desabilita tanto a generosidade quanto a tentativa de demonstrá-la moralmente.

187. Nada de "10 Caminhos para o Sucesso" ou "Manual da Vida Feliz". Encare a vida, afinal ela é sua (e você já disse isso muitas vezes). Responsabilize-se, enfrente, se enfrente e siga em frente.

188. Um grande mau afeto é o remorso. Tem origem na palavra morder, e sua tarefa é apenas machucar e aprofundar a ferida. O antídoto é o perdão, de *perdonare*, de remissão e doação. Perdoe a si e libere a cura para a sua alma e o seu coração.

189. Há pessoas que se consolam abreviando a vida. Encurtam tudo, até a visão de mundo. A preguiça de pensar se ajoelha à ignorância. Tornam-se sádicas de si mesmas, rasas na reflexão, atormentadas por saberem ao travesseiro o que de fato são e o que escondem, justiceiras cafonas do vazio.

190. Quando a saudade apertar, não pense nas ausências. Fuja dos pensamentos opressores, corra e abra a janela da alma, sinta o vento corrente que toca suavemente o seu coração. Abrace a saudade que está à sua frente, com a presença de tudo que já foi bom.

191. Reviver imagens que nos tiram a paz é perder todo o encantamento. A chave vira e tudo se esvai. Consciência imaginal para evitar males futuros.

192. Hoje me perguntaram se fico nervoso com aqueles que só gritam, atacam e insultam abastecidos de narrativas incultas, carregados de preconceitos em suas bolhas sectárias e socialmente idiotizados. Respondi que não; é que na verdade tenho tédio e preguiça com eles, só isso mesmo.

193. Num mundo repleto de imediatismos, onde o pronto é mais importante do que criar, prefiro achar em mim o *thaumatsen*, verbo grego que significa maravilhar-se, encantar-se, fugindo do olhar costumeiro e conformado.

194. Se faz sofrer, entulha a vida, aprisiona. Tudo é conflito. Chateação. Tormento. Angústia. Confusão. E não faz em nenhum momento descansar o coração, amor não é. Respeite-se.

195. A arrogância respira ignorância. Usa vestes de poder, de *status*, de cargos e da ilusória mania de achar que o que se tem define o mundo à sua volta. Mas, no fundo, é só um espírito vagante, solitário, triste e cafona.

196. A ingratidão é um mau afeto. Dói, corrói e faz sofrer. Por que falhamos tanto em cultivar a gratidão? Como é bonito ser grato, agradecido e acolhido. Isso não é coisa de outro mundo, é uma decisão. Experiencie a gratitude.

197. Pessoas infelizes acham que o mundo sempre lhes deve. Transformam suas frustrações em entulhos na vida alheia. Perceba os sinais e guarde suas bênçãos.

198. Diante do tempo, das coisas da nossa efêmera temporalidade, é essencial nos lembrarmos de que não estaremos aqui para sempre. Isso nos ajuda a apreciar as belezas, as gentilezas e as delicadezas da vida em cada momento.

199. Seja espião de si mesmo. A autossabotagem é cruel. Somos feitos de bons e maus afetos. Decidir quais nos dominam é tarefa apenas nossa.

200. Não é preciso fingir que está tudo bem, nem tudo merece.

201. A misoginia, a homofobia, o racismo e qualquer outra negação da existência alheia são resultados de uma sociedade adoecida de valores humanizantes, como a generosidade, a solidariedade, o respeito e a compaixão.

202. O orgulho produz a indiferença, que anula e destrói os bons sentimentos. Não faça e não deixe que façam isso com você.

203. Na oração do Pai-Nosso, é negada desde o início toda apropriação sobre Deus, sendo apenas "nosso"... Espanta-me a arrogância dessa gente que se acha remida e superior, que vocifera: "O *meu* deus vai te castigar, vai te fazer cair"... Não vejo Deus nisso, sendo Ele o que me encanta, me acolhe e me desperta. Vejo Deus no sorriso, no abraço, na bondade, na generosidade sem acepção e com amor nos olhos.

204. Gente que te olha de cima a baixo. Que acha que o que tem define quem são os seus. É esnobe no trato, cafona na ostentação e tacanha no respeito. Não vejo beleza nessas existências, não captam minha atenção. Prefiro os que simpatizam com uma alegria incomum pela simplicidade da vida, do tempo e das coisas.

205. Para calar a gritaria do mundo, abrace. Braços envoltos, silêncio que cura, instante que perdura.

206. Sem delongas e discursos ao vento, a pergunta que não pode calar: quem é você quando está sozinho?

207. Tem gente achando que dinheiro, cargo, *status* social e benesses materiais definem o que os outros são a partir de sua zona de conforto. Aliás, se tirar tudo isso delas, talvez não sobre nada, pois são apenas o que possuem. Tão pobres...

208. O melhor currículo não define o que é a pessoa. Falar vários idiomas e ter viajado o mundo não significa ser educada ou culta e, fora da justa medida, é só cafonice. A cor da pele e a roupa da moda não são critérios de boa aparência. Encontrar o humano atrás das vestes seculares, morais e estéticas é o desafio em tempos de liquidez.

209. Olhos nublados de maus afetos, almas em tempestade. Livrai-me...

210. Não se aborreça... O tempo descortina. Desnuda. Desencaixota. Nada ficará escondido.

211. Guarde o seu coração e renove a sua mente.

212. Em meio ao caos, vi uma tartaruga. Observei seu lento movimento e lembrei-me do Rei Felipe II, quando dizia ao criado: "Vista-me devagar, pois tenho pressa". Entre a busca da perfeição estética sem perda de tempo do monarca e a lentidão desinteressada da tartaruga... me tartaruguei... Quero ver as pequenas belezas da vida... bem devagarinho.

213. Eram tantos os não assuntos entre nós, que ficamos sem texto...

214. Antes de tudo e qualquer coisa, surgiu o amor. Antes do ódio. Antes da tirania. Da covardia. Da arrogância. Da intolerância. Da maldade e de tudo o que fere, faz sofrer e humilha a dignidade humana. Voltemos ao antes e, pela consciência, só pelo dia de hoje, em silêncio, se autoexamine. Você ama ou fere?

215. Sugiro que possamos andar com dois bilhetes, mesmo que imaginários, um em cada bolso. No do bolso direito, deve estar escrito: "Eu posso... eu consigo... eu mereço!". E, no do bolso esquerdo, "Sou pó e ao pó retornarei". E, de acordo com as situações da vida, para os egos inflados ou para as almas descrentes, basta ter discernimento e recorrer ao bolso certo.

216. Você conhece alguém que reclama da vida o tempo todo? Nada está bom. Tudo se torna motivo de lamentação. E passa os dias nesse "ó céus, ó vida...". É incapaz de ser grato. Acha que o inferno é sempre o outro. Não se mede. Não se analisa. É amante de si mesmo. Egocêntrico... pois é... Não se permita ser assim. Não aceite quem seja assim na sua vida... É tóxico, não faz bem. É Tempo de Ser!

217. Em tempos de abraços adiados, da cidade vista pela janela e da vida virtual, faz-se necessário revisitar nosso sentimento de pertença. Vivemos no meio ou vivemos do meio? Mais do que nunca, precisamos formar uma comunidade de sentidos, que somos todos participantes da vida e dependemos uns dos outros.

218. Compreendo a causa social como a capacidade de renunciar à zona de conforto para aliviar o sofrimento alheio. Qual é a sua causa?

219. Santo Agostinho, em sua reflexão sobre o tempo, dizia: "O que é o tempo? O passado não é. O presente não é e o futuro não é". Sendo assim, compreendo que estamos todos numa temporalidade, seja da alma, das coisas ou do mundo. A duração está em nossa potencialidade de viver, e não de existir. Tem gente que só existe. É morna nas relações. Não tem entusiasmo. Não podemos nos contaminar com essa malevolência. Viva com sagacidade.

220. Há uma preocupação imediatista que se ocupa mais em representar papéis de prestígio do que em ser aquilo que se é. Essa representação de imagens sempre passa, já o que somos permanece em nós, entre dores e amores.

221. A anulação da nossa individualidade enquanto buscamos uma representação social aceitável quase sempre nos amarra a escolhas que não são nossas. Não sabemos para onde vamos com tanta pressa, pois sempre deixamos que alguém defina o caminho por nós.

222. Gosto da expressão "Raciocinar em conjunto", do profeta Isaías. Essa ideia de pensar em conjunto naufragou neste novo século, fazendo desaparecer o "eu devo", substituído pelo "eu quero", "eu escolho" e "eu sinto". Por isso, vale a pena lembrar que os deveres podem ser discutidos. Entretanto, os desejos, as escolhas e os sentimentos podem ser satisfeitos ou não. Afinal, o mundo é um acordo de vontades. Faça valer sua existência.

223. Trabalhando ao longo da vida com pessoas em grave situação de vulnerabilidade social, seja na África ou aqui mesmo no Brasil, aprendi, entre tantas coisas, o real valor da alteridade. "Do abraço que acolhe, do olhar que envolve" (Cora Coralina), da compaixão avivada e da simplicidade do "Eu vejo você" e do "Eu estou aqui".

224. Machado de Assis fez a melhor definição do Brasil, que permanece mais atual do que nunca. A de que existem dois tipos de país: o oficial (dos privilegiados) e o real (do povo). O oficial é caricato e burlesco, e o real revela os melhores talentos. Esse último é o Santo Graal para esperançar dias melhores.

225. Kenodoxia, a doença do tempo presente. Uma vanglória do eu que acredita ser objeto de admiração ou de difamação, sem haver vínculo com a realidade. A pessoa se coloca no centro do mundo. Tudo é interpretado com relação a si mesma. E, quanto maior o sentimento de insegurança, maior a necessidade de exaltar façanhas ou atos que confirmem uma importância ilusória. Previna-se. Liberte-se!

226. Todo discurso contra a arte, a educação e a cultura em geral é perigoso, doentio e precisa ser combatido. Não podemos deixar isso se normalizar. Essa narrativa negacionista, terraplanista, religiosa (que é bem diferente de fé e espiritualidade) e armamentista é a mais rasa armadilha da ignorância. Vamos inocular a leitura, a poesia, a arte... Os que odeiam sempre sucumbem ao amor.

227. As mulheres não precisam de ações paternalistas, fruto do machismo estrutural. Elas já provaram historicamente que são capazes de empreender e assumir riscos e desafios.

228. Lugar de ensinar... Lugar de fazer amigos... Lugar de aglomeração de afetos... Lugar de solidariedade... Lugar de pertencimento... Lugar de alteridade... Lugar de generosidade... Lugar... Lugar... Quanta falta a escola faz... mas o momento é de cuidado. Para que, o mais rapidamente possível, possamos voltar ao lugar onde todos nos achamos... O lugar comum... O nosso lugar... Escola!

229. Tempo de Ser nos convida a uma reflexão atitudinal: o que estamos fazendo com relação ao cuidado? Com o outro, conosco, com a natureza, com o consumo e tudo mais que envolve o nosso viver.

230. Certamente, você já ouviu ou conhece alguém que insiste nesta fala: "Você sabe com quem está falando?". Essa histeria comprova que onde ainda permanece essa fala é porque os iguais não se reconhecem.

231. Tem gente que vive aprisionada dentro de um Eu alucinatório. Cria imagens pelo que acha que é, referenciando o que tem. Se esquece da temporalidade, da efemeridade da vida, sobrando apenas uma visão tacanha e empobrecida da existência.

232. Todo opressor quer uma resposta que valha por mil anos, pois assim a pergunta não se torna necessária. Cuidado com respostas prontas, elas criam o imediatismo e vergam nossas capacidades de aprender e discernir.

233. Vivemos num único mundo, onde estão a natureza, as coisas, o outro e eu. Não há mundo sem o outro e não há outro sem o mundo. Sendo assim, a compaixão, como sentido de pertença, se torna a mais forte ligação da nossa dignidade humana. Compadecer-se com totalidade, colocando o coração no sofrimento alheio, sem julgamentos nem rótulos, como no conceito de virtude das coisas boas de Aristóteles, que se encontra no essencial, em nossa capacidade de sermos generosos, cuidadosos e atentos para tudo aquilo que nos humaniza.

234. As paixões são imediatistas, todos nós já vivemos. Vêm como uma onda do mar e depois vão se esvaindo e perdem a força. O amor, não. Ele é o próprio mar, que, independentemente dos movimentos, continua com sua força, mantendo o seu vigor.

235. Muitas vezes sou interpelado pelo argumento raso do discurso visceral da meritocracia, dentro de uma lógica perversa recheada de zonas de conforto ou ilusões (ausência de consciência de classe). Atuar no tempo social é estar contemplado pelo Sawabona: "Eu te vejo, te percebo e te dou existência".

236. Para quem vive de inferno, ver o céu no outro lhe queima a alma.

237. Lembre-se de que Jesus Cristo não criou o cristianismo, isso é coisa de humanos. Ele vive... Pergunte a si mesmo.

238. Quem com ódio e desprezo trata os outros certamente odeia e despreza a si mesmo. Quem não tem autoestima não é capaz de estimar e respeitar os outros. Quem não se ama não pode ser capaz de amar os outros. Tudo é fruto de uma aprendizagem consigo mesmo, de aceitação e libertação.

239. Anamnese afetiva. Lubango, Angola, 2008. Comunidade de Sentidos: olhávamos uns para os outros e ouvíamos o que o outro tinha a dizer. Compartilhávamos as refeições simples e conversávamos sobre a vida e suas belezas. Bastava ser, não importando o que se tinha, apenas o que se era. Temos muito a aprender com os africanos. Epalanga liange!

240. Precisamos cuidar das imagens que nos habitam. Em especial das exageradas que gritam "Controle tudo... Seja perfeito... Seja o mais legal e o mais querido". Isso é pura ilusão, um aprisionamento exterior. Apenas seja você, com suas dores e amores.

241. Em tempos sombrios, como este que nos acomete, o que nos congrega agora é a tarefa do cuidado. Cuidar de nós, dos próximos e dos distantes é lembrar o dom de Ser. Esse é o primeiro passo para a reconstrução do projeto humano.

242. Contra a intolerância! Contra o ódio! Contra a intransigência! Contra a idiotização cultural! Contra o negacionismo histórico e científico! Contra a homofobia! Contra a misoginia! Contra todo e qualquer preconceito! Responda: "Leia!". E, no final, lance um sutil: "Obrigado". A leitura salva!

243. Nunca olhe para as pessoas que estão submetidas a situações de vulnerabilidades sociais pelo que lhes falta, mas por aquilo que elas têm: dons, talentos, habilidades, capacidades, potenciais e sonhos. Isso é alteridade como exercício de cidadania.

244. Hoje estou nostálgico, emotivo e choroso. Minha rememoração do ser me trouxe imagens que havia esquecido de habitar. O amor nos salvará. Prosseguimos!

245. A educação move, transforma, envolve, acolhe, abraça, empodera e liberta, entre tantas outras coisas fantásticas que é capaz de promover. Por uma educação inclusiva, solidária, justa e libertadora. Viva a educação!

246. Hannah Arendt nos alertou sobre o perigo da banalidade do mal, a revelação da imoralidade revestida de discurso moralizante e conservador. Se não temos uma reação adequada quando os tempos exigem, mostramos uma falta de imaginação e de atenção tão perigosa quanto cometer uma violência deliberada. Precisamos acordar. Que tudo isso seja, um dia, apenas a lembrança de um pesadelo.

247. Diante do tempo, das coisas e da nossa efêmera temporalidade, é essencial nos lembrarmos de que não estaremos aqui para sempre. Isso nos ajuda a apreciar as belezas, as gentilezas e as delicadezas da vida em cada momento.

248. Em tudo o que fizer nesta vida, conduza-se por sua consciência. É ela que vai, de acordo com seus valores e crenças, lhe dizer o que está certo ou não. Com aqueles que, sem conhecê-lo, julgam, difamam e entulham sua vida, não se preocupe: é a consciência deles em desespero de ausências.

249. Na ansiedade de querer obter resposta para tudo, esquecemos que a resposta certa não tem nenhuma importância. O essencial é que as perguntas estejam certas.

250. A grande revolução do século 21 será o protagonismo feminino como paradigma de uma mudança de época, e não mudanças de uma época.

251. Estamos em tempos de humanidade desenraizada, com vínculos cortados. Nesse contexto, o resgate do sentido do pertencimento é tarefa urgente.

252. Querem tirar a sua paz. Querem tirar a minha paz. Querem tirar a nossa paz. Mas, no fundo, são eles que não vivem em paz e se alimentam do ódio e da mediocridade. Prossiga!

253. Movimentar-se para não ficar aprisionado à zona de conforto é um dos grandes desafios dos tempos modernos. Onde a abundância impera, certamente a visão de futuro fica mais comprometida, por isso se faz necessário nos movermos para ter propósitos, sonhos e esperança em dias melhores.

254. Tem gente. Tem muita gente. Tem gente boa. Tem gente má. Tem gente que é gente. Tem gente que não é gente. Pouca gente. Tem gente que se acha. Tem gente que se perde. Gente no meio da gente. Tanta gente.

255. Tem gente que vive o pleno desencanto do mundo. Repudia qualquer possibilidade que dá sentido e significado à vida. O pessimismo virou a doença mais letal da humanidade. Prefiro a máxima de Bernanos: "Se o otimista é um imbecil feliz, o pessimista, geralmente, é um imbecil infeliz".

256. Fiz um trabalho social no sertão. Era um período de longa seca na caatinga. Em uma das atividades com jovens das comunidades sertanejas, uma menina em torno de 12 ou 13 anos de idade me puxou de lado e disse: "Fernando, foi falado aqui sobre sonhos. Eu tenho um sonho. Que um dia eu possa comer um tomate sozinha. Pois hoje tenho que dividir, quando tem, com doze pessoas em casa". Era uma criança. Apenas uma criança. A meritocracia será sempre uma falácia enquanto a desigualdade for o palco.

257. Acho tão bonita a palavra "perdão". Enquanto verbo, fica ainda mais intensa e bela. A solicitude em perdoar é o auge da redenção. É esvaziar-se de *EUs* e de *SOUs*. É espiritualizar o coração. Uma verdadeira respiração da alma. Apresse-se.

258. Onde houver ódio, inveja, sentimentos menores e tacanhos, mesmo que muitas vezes me machuque ou me desanime, continuarei sendo amor...

259. Hoje vi crianças brincando na rua. A inocência solta sem rumo. Entre gritos, choros e gargalhadas, meus olhos floresceram de esperança. Que saudade do tempo em que eu era apenas um indocumentado. Adorava a referência: o neto da Dita. Felicidade é estar imerso em bons afetos.

260. Não há temporalidade para o amor. Ele não está no tempo cronológico. Acontece nos instantes. Ele não está na ordem moral e seus ritos. Não está na materialidade. Engana-se quem acha que pode enganá-lo. Não possui vestimenta. Não precisa dizer que é. Ele simplesmente está lá. Imutável, sereno e arrebatador.

261. Nas andanças pela África, fui caminhar com um amigo, Soba, chefe tribal angolano. Vi um grupo de jovens em volta de uma imagem católica. Me impressionou a retidão deles. O amigo explicou que, desde o fim da guerra, passando de geração em geração, eles se juntam todos os dias para celebrar a vida com a oração do Pai-Nosso. Como é bonito, mesmo diante das adversidades, ver um coração grato. Das belezas e delicadezas da vida.

262. Minha filha Luíza e sua visão sobre o tempo e as coisas: "Pai, hoje é dia de educação física e brincar na areia. Depois, sei que é o dia do brinquedo. E depois, o feriado". Ufa. A inocência ainda tem as melhores respostas e reflexões. Por dias cheios de olhares de amor.

263. Gosto da expressão "pensar sobre". Não a vejo como um ato racional. Enxergo e sinto uma beleza poética singular. É algo acima, fora do mundo. Sabe aquela música ou aquele momento em que a memória ativa um choque de boas emoções? Então, é sobre isso. É um frenesi da alma em pleno refrigério do corpo e da mente. Alegre-se quando isso lhe acontecer, o amor está em você.

264. Sou inoculante dos bons afetos. Gosto das imagens que habitam a amorosidade. Gosto do toque. Do abraço que acolhe. Aprecio o cheiro da presença. Prefiro o espanto e o susto do amor. Fico imerso em tudo que tem vivacidade. Gosto do cuidado e sua arte em ser generoso. Não sou, estou. E, sendo assim, nas emoções me acolho, como o olhar delicado e afetuoso em dias de ausências.

265. Tem dia que a angústia nos toma conta. A alma se entristece. O coração fica contrito. Isso não é coisa de outro mundo, é humano. O choro ajuda a escorrer os maus agouros. E, assim, seguimos desejosos de que o mar do esquecimento dilua tudo que nos causa dor. Que o amor nos salve.

266. Preciso ouvir meus silêncios. Cansado da gritaria do lado de fora. O corpo pede, a mente clama e o coração deseja. É o momento de repousar os olhos para dentro. Observar meus devaneios e neles achar um pouco de lucidez. Um verdadeiro acolhimento, não o recolhimento de mim... Me recuso a sucumbir a mim mesmo...

267. Estamos vivendo muito o imediatismo desenfreado pelas diretrizes do novo mundo, onde temos que dar respostas mais rápidas às instituições.

268. Não importa quantas vezes você tenha errado ou acertado, não importa quantas vezes disseram que você não iria conseguir, não importa as barreiras que construíram à sua volta, porque o importante é você não esmorecer com o adverso, é ter capacidade de se reinventar mesmo quando tudo parece tão difícil, tão insuportável.

269. A cidadania não pode ser um estado íntimo. Tem que ser publicizada. Viver no meio, e não do meio.

270. A ordem econômica não pode estabelecer quem são os nossos iguais. O ter não pode ser um critério de pertença. Precisamos resgatar o humano que há em nós para criar avivamento em nossas relações com alteridade.

271. Protagonismo não do ator principal, do que aparece mais ou que está em evidência. Protagonismo do *protagon*, grego, de não esmorecer diante das adversidades e esperançar dias melhores.

272. Somos o que somos, não pelos adornos estéticos e materiais, ou pelo cargo ou poder que achamos ter. Somos o que somos por aquilo que aprendemos com os outros e com gratuidade disseminamos por onde passamos.

273. Essa publicização da cidadania nos inclina a caminhar para a aceitação e a compreensão do que chamo de lugar comum, onde, no contato social, conseguimos nos harmonizar, não importando nossas especificidades, divisões sociais, poder econômico ou qualquer outro fator de separação.

274. Não confunda indiferença com distanciamento. Ser indiferente é anular e ser cruel com a existência alheia. Se distanciar é o contrário, é preservar a nossa dignidade de tudo que nos fere, machuca e tenta a todo custo tirar a nossa paz.

275. O protagonismo social não é uma ação individual. Ele depende de como um grupo se organiza e interage entre seus membros e com os outros. Protagonizar ações em benefício do bem-estar social tem na sua essência o fazer parte [...] sentir-se responsável por seu espaço social e por tudo o que nele habita.

276. Não é necessário que exista uma situação de vulnerabilidade para praticar a compaixão. Por isso, o sentido de pertencer ao meio faz toda a diferença. Ter a percepção de que somos parte de um coletivo e de que não podemos querer que os outros se moldem às nossas convicções, às nossas crenças e ao nosso modo de ser.

277. Pior do que estar privado da liberdade de ir e vir é estar aprisionado a preconceitos, acorrentado pela intolerância e algemado pela falta de respeito às outras pessoas.

278. Não se conforme com esse estado de coisas. A coisificação tira a nossa identidade, a nossa autonomia, e desrespeita a nossa humanidade. Não permita que façam isso com você. Coisas são coisas, e gente é gente. Ouse, crie, saia do conformismo, não aceite o "Ó vida... Ó céus..." do pessimista. Ajeite-se, levante a cabeça e siga em frente. Mova-se!

279. A sociedade de consumo criou o apego do eu e exterminou a preocupação com os outros. De valor humano, a compaixão passou a ser um produto de mercado. Nos últimos trinta anos, vivemos uma revolução de inversão de valores.

280. Gosto muito do termo "volição", que vem do latim *volitione*, a famosa força de vontade, aquela que nos possibilita perseverar, tomar decisões, nos motivar em busca de objetivos traçados sem esmorecer. Mesmo quando os medos aparecem, continuamos prosseguindo para o alvo.

281. Educar para a paz, educar para a vida, educar para o aprender a aprender, ensinar o ensinar, fazer o fazer e compreender o desconhecido, tudo isso numa dimensão de alteridade social, na qual as relações sejam de respeito, e não do que se possui para dizer o que se é, mas tendo a possibilidade de se aproximar porque se é humano.

282. A desigualdade é estrutural. Está em todos os cenários: na saúde, na educação, na nossa família e em nosso quarteirão, ela é intimista. E um dos seus mais perversos resultados é a indiferença social. A indiferença se torna sentimento. Dói, corrói, anula e destrói nossa capacidade de existir. Precisamos cuidar do humano que há em nós.

283. Hegel e Fichte, em suas obras, debruçaram-se sobre a importância de fazer com que o exterior e o interior coincidam, ou seja, que a existência e seu sentido sejam redimensionados ao longo da vida. Em tempos de supremacia do corpo, da estética e da beleza, faz-se necessário dar existência ao que somos, com nossos valores e historicidade de vida. É tempo de Ser.

284. Estava um religioso andando pela floresta quando deparou com um leão. Ficou assustado e saiu correndo em gritos de ajuda aos céus: "Deus, por favor, coloque um coração cristão neste bicho". De repente, algo inesperado aconteceu. O leão parou de correr, ajoelhou-se e, aos sussurros, disse: "Senhor, obrigado por essa refeição. Amém!".

285. Não faz sentido cancelar o outro porque ele é diferente de você. Você só é você porque o outro existe.

286. Que além de todo o significado histórico do 7 de setembro, possamos comemorar um dia a nossa INDEPENDÊNCIA do preconceito, da intolerância, da misoginia, do machismo estrutural, do racismo, do negacionismo e de todo esse obscurantismo cultural que vivemos no tempo presente.

287. A alfabetização é geradora das raízes da autonomia social, do protagonismo, da cidadania, da identidade, da liberdade, do aprender a Ser, a Ter e Conviver. Viva o Professor Alfabetizador!

288. Nietzsche afirmou sofrer não de solidão, mas de multidão. Vivemos um tempo em que a necessidade de falar, de opinar e de aparecer a qualquer custo, mesmo quando não há nada a se dizer, se tornou imperativa. Ando entediado com esses faladores cheios de razão, abastecidos por uma incultura rasa e sem talento para o diálogo. A civilidade me impõe suportar essa gente cheia de ódio, de preconceitos que vociferam, gritam e estão em todos os lugares idiotizando o espaço comum. Alguns em nome de Deus, outros em nome da moral, outros movidos somente pela ignorância do negacionismo, do terraplanismo, da goiabeira santa, do santo graal da cloroquina e outras bizarrices sem precedentes... Que tempo estranho.

289. As mulheres que ocupam posições de destaque sabem que são testadas o tempo todo. E sua capacidade de racionalizar se torna uma estratégia para superar as barreiras impostas. Essa liderança, como ação protagonista racional, não se envaidece pelos títulos formais. Ela se destaca com a maturidade de compreender que suas habilidades de liderar, de inspirar e motivar outras pessoas lhes conferem êxito.

290. O imediatismo devora o horizonte e compromete a visão de futuro. Cuidado com os "dez passos para o sucesso", "felicidade" e outras promessas de curto prazo. A zona de conforto imobiliza, aprisiona e cauteriza sonhos. Mova-se!

291. Que nesta época do ano desperte em você a Arte de Pertencer. Que a Compaixão seja totalizante. Que o Renovo brote sempre em seu coração. Faça da sua vida um Amor em Movimento. Lembrando que o que o Move é o que o Inspira. Que é necessário a busca por um Tempo de Ser, que nos impulsiona a ser Protagonistas e construtores de dias melhores.

292. O Ser como condição de Esperançar envolve um encontro consigo mesmo, reconhecendo a necessidade de se esvaziar de coisas que causam um desequilíbrio em seu bem-estar. Desde relacionamentos mal resolvidos até aceitações do nosso eu, que somente nós conhecemos.

293. Nada mais triste e medíocre do que aqueles que se relacionam com cargos, *status* ou qualquer outra ilusão do micropoder, esquecendo-se da efemeridade que envolve tudo isso. Considere que tudo passa e se esvai, e o que permanece é o respeito que você dedicou aos outros, mesmo que eles não reconheçam.

294. Largos silêncios são prenúncios do fim.

295. O tempo é mais doloroso não pelo que se esvai, mas pelo que desmascara.

296. Todo monossílabo é prolixo.

DAS BELEZAS E DELICADEZAS DA VIDA

DAS BELEZAS E DELICADEZAS DA VIDA

297. Que a noite não se apresse. Que venha bem devagarinho. Meu coração precisa de sol.

298. Poesia feita de flor é coração jardinado de amor.

299. Não houve uma palavra sequer, silêncio no céu e silêncio na terra. Nos calamos bem devagarinho, as letras foram sumindo e tudo que pulsava foi se esvaindo.

300. Se não te faz respirar, se não acalma a alma e não te acolhe com os olhos, pode ser tudo e qualquer coisa, menos amor.

301. Um amor sem igual. Desde o abraço que cura, os olhos que beijam até o colo que esquenta. Sabe ser chão e escudo na tormenta, celebra o simples e sente-se agraciado com o coração. Mesmo que tudo pareça desabar, faz da alma seu pilar e nunca desiste de amar.

302. Há sentimentos que vão além do sentir, são audíveis como uma serena música que nos tira do mundo. Em cada nota, uma emoção que orquestra o coração.

303. Tranquei-me no quarto com poesias. Cochilei versos e cantigas. Descansei meus sentimentos.

304. Quanta generosidade há em ler uma história para alguém. Em alta voz ou em tom de ninar, um coração literário que só sabe amar.

305. Uma rosa encantada brotou no meu jardim, se fez sol e calmaria, um repouso dentro de mim.

306. Poetizar os olhos para ver as belezas que não surpreendem, mas preenchem o coração.

307. Tempos de amorosidade. Do papel de carta perfumado, uma elegância sem igual. Do cartão-postal saudoso e musical. Do bilhete escrito à mão, desenhado com inocência, uma arte de doação. Quando a gentileza brotava sem nenhuma aparente razão. Tempos de sentimentos nobres, intensos e de sofisticação.

308. Toda forma de amor é um descansar. Se incomoda os de fora, se aconchegue sem demora.

309. A arte do encontro. Encontrar alguém. Encontrar o que nos faz bem. Encontrar-se consigo. Encontrar o que nos dá esperança. Encontrar o inesperado, o que tanto esperamos, o que amamos e o que iremos amar. A vida é um encontro, encontre-se...

310. Por amores elegantes, de sentimentos nobres e delicados, que não desejam ser donos e muito menos dominados. Amores leves, emocionados, divertidos e descontaminados.

311. A pele não mente. Toca-me...

312. Solte. Deixe ir. Só não deixe de pertencer a si mesmo.

313. Na alternância entre tristeza e euforia, esperança e desilusão, o amor ainda é a solução.

314. O amor não tem propriedade. Não é nosso. E quem dele dono se achar nunca soube amar.

315. A paz dos olhos seus descansa os olhos meus.

316. Já não mais... encontrei os nossos risos. Nossas conversas. Nossos olhos. Nossos sentimentos. Não encontrei mais a gente em nós.

317. A doce presença que desperta e nos alegra. Que adoça os dias. Que acalenta a alma. Que nos veste de ternura e o coração acalma. Que nos livra da maldade e afasta a amargura. Uma presença que não se vê e não se toca, mas que em todo tempo nos cura. Preciso-te...

318. Quero ouvir a sua voz. Para alegrar o meu coração. Para poetizar os meus ouvidos... Para que, em toda distância, eu possa sentir a sua presença... em mim.

319. – Não entendo você com ela.
– Como assim?
– Ela não é flor que se cheire! Concorda comigo?
– E como não concordaria? Afinal, ela não é mesmo flor para ser cheirada e depois descartada; ela é um jardim encantado para contemplar com os olhos do coração.

320. – Você diz que sou poesia.
– Sim.
– Então prove com uma palavra.
– Não dá.
– Como assim?
– Você em mim precede a palavra.

321. Beijo de vinho, um brindar de almas.

322. Demorei-me em seus olhos para encurtar a saudade.

323. Além do que os olhos do mundo possam ver e de tudo que a aparência pode ser, só é amor quando o olhar é capaz de transcender. E, assim, tudo se torna poesia, a presença vira verso que acalma e tranquiliza o dia.

324. Entre dores e saudades, há amores inconfessáveis, indizíveis e imperecíveis.

325. Perfume de pele que se exala por inteiro. Uma fragrância na alma, o amor tem cheiro. Perfume-se.

326. Basta olhar com atenção a quem nos insulta, que seremos tomados imediatamente por uma paz absoluta.

327. Se o toque daquela música faz a alma dançar. Se o toque do telefone faz o ouvido descansar. Se o toque na pele se pode sentir mesmo sem estar. Se toque, o amor acaba de chegar.

328. Uma poesia aos olhos sem fim. Suave e delicada, com palavras de amor, leio-a em mim.

329. Diante da finitude, o amor que aviva a existência é o "para sempre" que nunca acaba.

330. Um amor atemporal, que vai além da carne e dos desejos mundanos, transcendental. Que nos tira do mundo e nos leva para a região onde a alma ama e, enfim, respira.

331. Quando o abraço se encaixa. Quando o toque o arrebata. Quando os lábios se chamam pelo cheiro. Não duvide um minuto sequer, o amor chegou para você. Viva-o!

332. O amor não usa vestimentas luxuosas e não se importa com os adornos do mundo do Ter. Ele caminha descalço no seu coração.

333. Você disse que Amar é se inquietar, mas não deveria ser o contrário? Inquietação não é perturbação. O amor inquieto não se conforma, não se sujeita ao costumeiro. Um amor conformado vai aos poucos perdendo o encanto. Inquietante isso, né? Uma inquietação que aquieta à medida que repousamos e não nos apropriamos do outro.

334. – Vai me deixar. Eu sei.

– Como poderia deixá-la?

– Eu sei que vai.

– Olhe nos meus olhos.

– Estou olhando.

– Se o amanhã nos contasse suas histórias, na minha história, certamente estaria você.

335. – Você mistura filosofia com poesia?

– Sim.

– Então prove.

– Sua existência é perfumada, delicada e inquietante, uma crise de afetos em mim.

336. – Como é ter alguém?

– Não é.

– Como assim?

– Não se pode ter alguém. O que podemos fazer é ofertar o que temos de melhor. E, se esse alguém sentir que lhe faz bem, estabelecemos um sentir genuíno, livre, leve e que nos faz repousar em sua presença. Não se pode ter apropriação. É sempre um estar, e não um ter. Estar lá para acolher, abraçar, rir, chorar, se compadecer, fazer junto e, o mais importante, ser o que se é, para garantir a dignidade.

337. – Por que está triste?

– Só enxergam um corpo bonito em mim. Sou mais que isso.

– Sim. Você é mais que isso.

– E você, como me vê?

– Vejo um desfile de elegância. Gestos faciais dançantes e uma serenidade refinada nos olhos. Uma poesia sem fim.

– Meu Deus, que elogio!

– Não é elogio.

– Não?

– É uma constatação poética.

338. – Por que o amor sempre é algo inesperado?

– Não teria sentido se não fosse.

– Como assim?

– Oras, é no acaso, no de repente, no improvável, do nada e na escassez que acontece o surpreendente, o extraordinário. Apenas esteja pronto.

339. – Por que as pessoas querem tanto definir o amor?

– Necessidade existencial.

– E você acha que há definição?

– Se houver definição, amor não é. Apenas experiencie, vivendo-o.

340. – Por que você faz poesia?

– Para sair do mundo.

– Qual o segredo? Solidão, melancolia, dores, amores?

– Você entende de coração?

– Acho que sim.

– Tudo?

– Mais ou menos.

– Então não me entenderá, pois eu sou todo coração.

341. – Onde você estava esse tempo todo?

– Dentro do seu coração.

– Eu nem te conhecia.

– Sim. O amor não é do mundo aparente. Ele não se apresenta. Não se planeja. O amor é sempre uma delicada revelação.

342. O amor vem em passos largos. Acabei de contar e ele está a trezentas esquinas de você.

343. – Não acredito que abriu mão de todo aquele conforto.

– Que conforto?

– Oras, de tudo. Da vida boa, dos acessos fáceis. Afinal, o que você encontrou do outro lado?

– Poesia.

344. E lá vinha ela toda faceira mostrando o caderno. Um dia, puxei assunto:

– Que lindo o seu caderno, Laura.

– Obrigada, professor.

– Pode me mostrar?

– Sim. Olha que lindo.

As folhas já estavam amareladas e com as páginas todas preenchidas. Perguntei:

– Laura, onde você escreve?

– Uso todos os espaços em branco. Esse caderno foi dos meus 14 irmãos. E agora é meu.

Laura me disse isso com uma alegria incomum e se foi. E nunca mais saiu de mim.

345. – Afinal, o que é, então, Amar?

– É um Não Ter.

– Como assim?

– É um estado de doação, não de recepção. Quem só quer receber nunca vai saber o que é Amar. Um "Não Ter" que esvazia sentimentos de posse e que não exige do outro o que se quer. Amar é abnegação, é ser por Inteiro.

346. – Eu não te vejo apenas.

– Não?

– Eu te leio. Você é um verso poético aos meus olhos.

– Nem se lembra mais de mim.

– Como não?

– Você falava mais comigo antes.

– Oras, o amadurecimento dos bons afetos vai além desta temporalidade. Não preciso olhar para fora para vê-la; basta olhar o meu coração, e você sempre estará lá. E com esse sorriso...

347. – Por que me teces palavras delicadas se não nos conhecemos?

– Simples. É o espírito.

– Espírito?

– Sim. O Espírito poético. Ele não precisa ver. Não precisa tocar. Não precisa estar. Ele apenas sente, e os meus olhos revelam.

348. – Por qual razão você faz poesia?

– Não faço poesia.

– Como não? Vejo o tempo todo.

– Não faço, a poesia é que é indissociável do que sou. Poetizo para respirar.

349. – Perguntou o meu nome para alguém?

– Sim.

– Por qual razão não perguntou a mim?

– Porque já sabia quem você era.

– Confuso isso. Se sabia, por que perguntou?

– Apenas para observar os outros nomes que se dão ao amor.

350. – E aí… me conta. Como foi?

– Não sei nem explicar.

– Não foi bom?

– Foi ótimo!

– Ele te beijou?

– Não.

– Eita… como assim?

– Ele cantou para mim…

351. – Doutor, preciso saber se o senhor entende tudo de coração.

– Claro que sim. Sou cardiologista.

– Insisto na pergunta, o senhor entende mesmo? Tudo?

– Estudei para isso, veja os meus diplomas na parede.

– Doutor, acho que não me compreendeu, o senhor sabe tudo de coração?

– De novo isso. Lógico que sei. Por que insiste tanto?

– Sabe por que, doutor? É que eu… sou… todo coração.

352. – Você não me percebeu.

– Como assim?

– Não me notou.

– Jamais... Não teria como isso acontecer.

– Não?

– Não. Você já estava no meu coração. Mais do que olhar pra fora, a vejo aqui dentro o tempo todo. Olhar pra você é olhar pra mim e ver que somos continuidade.

– Que lindo isso.

– Para você, querida minha.

353. – Você viu?

– O quê?

– O vento.

– Vento não se vê.

– Sim, mas olha o movimento das folhas.

– O que isso tem a ver?

– Sinta.

354. Seja luz na escuridão.

355. Um homem está perdido na floresta. Já cansado e sem esperança, se escora numa árvore, sem forças para continuar. Até que avista uma luz. Empreende todos os esforços para ir ao encontro daquela luminosidade. Ao se aproximar, vê que era um homem com uma lanterna. Chegando mais perto, percebe que o homem era cego. Curioso, pergunta:

– Você é cego?

– Sim – responde o homem.

– Mas, então, por que usa lanterna?

O homem, com serenidade, responde:

– A lanterna não é para mim, mas sim para que os outros possam me ver.

O que você tem sido, lanterna ou escuridão na vida das pessoas? É hora de Esperançar, de Acolher, de Alteridade e de construir um novo tempo de Ser.

356. Os amanheceres e seus saberes. Tem gosto de vida e renovação. Que amanheçam em nós os amores, os sabores, os afetos e toda ternura para que só saia da boca a palavra que cura.

357. Ela chegou atordoada em casa. A mãe, aflita, perguntou:

– Como foi? Ele te fez algo?

– Sim.

– O quê? Me diga.

– Ele leu poemas para mim.

– Poemas? Como assim? Não a tocou, nem um beijo?

– Só me olhou. Foi tudo poesia.

358. – O que foi que aconteceu?

– Você não percebeu.

– Mas foi muito rápido.

– Ele aparece no acaso.

– Desculpe. Não vi.

– Eu sei.

– O que devo fazer?

– Siga em frente. Mas um alerta.

– Qual?

– Não se distraia mais. O amor passou por você.

– Como sabe?

– Eu estava lá.

359. Com o que vi, filosofei. Com o que não vi, espiritualizei. Mas o que senti, ah… o que senti… poetizei…

360. Se tem amor, em todo infinito, há um depois do depois.

361. Em todo o tempo, quero apenas me deitar em seus olhos.

362. Não ignore os meus olhos, sou íntimo do seu coração.

363. Se não há mais o que dizer, não há mais o que sentir. Só falo o que sinto, sinto muito...

364. Gosto quando você me silencia com seus olhos. Entramos em outra dimensão, com uma linguagem secreta que pertence apenas a nós. O mundo não pode nos ouvir, não pode nos calar e não pode nos julgar. Um amor indocumentado, desinteressado e gentilmente enamorado.

365. De verso em verso, fez-se poesia em mim. Declamo-a todos os dias em meu coração.

366. O amor é a pele mais sensível do desejo. Hidrate-o.

367. Amo-te com alma. Amo-te com calma. Amo-te de perto. Amo-te de longe. Amo-te na presença e na ausência. Amo-te de jeitos, de qualquer jeito. Amo-te fora de mim. Amo-te em mim. Amo-te.

368. Dos amores encantados. Daqueles que ternuram a alma e são desinteressados dos valores mundanos. Do toque nas mãos e de pontas de nariz. Do curante cafuné na cabeça e carícias na face. Dos abraços longos que nos fazem moradas sinceras. Das riquezas sensoriais do corpo em estado mágico de arrepios. Das borboletas no estômago e de uma insaciável vontade de ter simplesmente ao alcance dos olhos.

369. Não há resumos no amor. Se não for para lê-lo por inteiro, não se satisfaça com a capa.

370. Não há tamanhos no amor, se você não cabe, que se acabe.

371. Enamorado. Enamorei-te. Enamoramos. Enamorei-me. Enamoremos. No amor, há sempre um novo verbo. Verbalize-se!

372. A poesia se aconchega onde a alma, enfim, respira.

373. Vinho e poesia na mesma frase, o ponto-final é você.

374. O amor não é linear, desarrume-se para amar.

375. Cuidar não é bajular ou mimar. O cuidado é como ação desinteressada, imerso no amor e na delicadeza. É a arte da atenção, uma gentileza desenhada no coração.

376. Se for para dormir um pouco mais, só para sonhar com você, que essa sonolência, posta em pausa pelos aprisionados da realidade, seja sempre motivada por amor.

377. Olhou-me como nunca. Abraçou-me como nunca. Ouviu-me como nunca. Beijou-me como nunca. E nunca mais saiu de mim.

378. Quando imaginação, percepção e coração coincidem, a alma se abraça ao corpo e o espírito se põe em repouso.

379. Sinto-a como o som da flauta em noite fria, uma sonorização que adoça o ouvido, aquece a alma e agasalha o coração.

380. E do nada, no meio da frase, o amor apareceu, tomou conta do texto e tudo aconteceu.

381. Não há palavra que dê conta quando os olhos bailam de amor. Vejo-te!

382. Depois de muitas juras de amor, o amor injuriou-se e se foi...

383. Toque, cheiro e presença. Tríade do aconchego.

384. Enquanto ela dançava, se reencantava com a vida. Dançava para esquecer. Dançava para se amar. Dançava para viver. Dance, meu bem, dance...

385. Derradeiro. Deleitante. Destinado. Um amor singular, exclusivo e almático. Desmedidamente intenso...

386. Tem saudade que é física. Sentimos o toque, o abraço e o beijo. Até o cheiro nos toma, imperecível.

387. Era apenas uma flor. Foi pisada, ferida e machucada, mas continuou sendo flor. Mesmo caída em infortúnio, sentiu o vento passar, juntou-se a ele e voou, e foi ser flor em outro lugar.

388. Nessa noite, senti o meu coração balançar. Vi você lá dentro. Estava bailando e cantando em festa, com os outros sentimentos. Adormeci lentamente aos seus passos, num abraço apertado, me dizendo baixinho: "Não pare de dançar. Em nosso amor, a música não termina". Agora aqui estou, em movimento, em dois passos pra lá e dois pra cá, numa dança incessante e contagiante dentro de mim.

389. Amo-te. Desde o olhar desinteressado. Do vento atravessado da presença. Do cumprimento desajeitado. Do toque em mãos dedilhado. Amo-te sem saber onde e quando. Amo-te em mim.

390. Olho-te além dos olhos de ver. Olho-te com cheiro de flores. Olho-te com profundo amor. Olho-te com toda a vida que há em mim!

391. Olhos que se encontram. Corações que se abraçam. Almas que se beijam. Um amor distante ou presente, que acolhe, emociona e transcende.

392. Não era uma tela qualquer. Refletia em traços delicados toda a sua beleza interior e exterior. E, quanto mais eu a observava, meus olhos se iluminavam, uma catarse em cores. Você se fez arte em mim.

393. O meu amor não se apressa, ele é demoradamente enamorado por você.

394. Um riso de alma me toma quando você, do nada, aparece em meus pensamentos. Tudo se aviva em cor, e, assim, vejo com clareza, pelos olhos do coração, que você é o meu amor.

395. Na dimensão do amor, a poesia nem sempre vai achar a palavra. Ela se transcreve pelo olhar atento, fugitivo de sentimentos menores, uma oração interminável do coração.

396. Oxigena-me com teu amor. Respiro-te.

397. Me acaricio em seus olhos. Me aconchego em seu abraço. Repouso em sua voz. Me completo em você.

398. Assim como a roseira que protege a vinha, reconheço o seu amor em mim. Floresça-me.

399. De toda poesia do mundo, você é meu verso preferido.

400. Se for para me tocar, que me toque com as mais lindas palavras de amor. E que cada letra ganhe a existência da vida e, assim, com (c)alma, conjugue todos os verbos poéticos do meu coração. Recite-me...

401. Ventile-me. Como o vento balança as flores, com leveza e refrigério. Ternure o meu olhar para que eu possa ver, com amor e simplicidade, o mundo e os seus mistérios. Revele-me.

402. Não digas que preciso te esquecer; afinal, isso não é questão de querer ou poder, mas de saber que, te esquecendo, esqueço de mim.

403. Assim como o vinho, o amor não precisa de motivos. Brindemos!

404. Se o que você sente passa pelo corpo, é real. Não se distraia.

405. Esvazia-me de tudo que me afasta de ti. Que o meu coração seja morada do teu amor. Rendo-me.

406. Ao beijar a sua mão, povoou-me de sentimentos, fez morada no meu coração.

407. Um sentimento literário. Escrito, revisado e publicado em meu coração.

408. Apenas pelo toque das mãos, à moda antiga, laureados por borboletas dançantes no jardim. Algo fora do tempo, que permanece dentro de mim.

409. Uma delicada poesia poetizou-me...

410. Um amor tão profundo, e pensar que já foram duas almas estranhas e distantes, inconcebível.

411. Quando os meus olhos acham os seus, uma calma repentina cai sobre mim.

412. Ouço a sua alma com o meu coração. Ela é gentil e delicada. Uma oração em mim.

413. Nada de delírios. Sou dos fascinados. Fascina-me...

414. Tem olhares que nos salvam. Procure-os.

415. O amor, quando começa a dar eco, é porque o coração se esvaziou.

416. Sobrancelhas em ritmo dançante. Nariz e boca em consonância. Rosto aformoseado de ternura. Olhar que abraça a minha alma. Estás em mim, pacifica o meu coração.

417. Não percebeu a gentileza das palavras. Não ouviu o sentir que fala. Normalizou o extraordinário. E tudo, bem lentamente, se foi...

418. Olhe nos meus olhos. Toque as minhas mãos. Sinta o meu amor de todo o coração. Aproxime sua face, quero ouvir o seu respirar. Alma com alma, delicadamente, bem devagar.

419. Quando a boca diz "eu te amo", é o exato momento em que o cérebro, a alma e o coração se admiram dentro de você.

420. Que jardim delicado de nobres sentimentos. Flores e plantas em harmonia. Rosas generosas com os gravetos. Agapantos solidários com as borboletas. Ageratos acolhedores ao vento. Uma coloração cheia de vida. Jardinei-me de afetos.

421. Não fique triste. O corpo em matéria dos que amamos e que já não estão mais neste mundo repousa em silêncio espiritual. Mesmo assim, acredite, nos veremos sempre, no amor atemporal que nunca se esvai.

422. Um amor transcendental, que, antes dos corpos se conhecerem, as almas já se beijavam.

423. O olhar amável e complacente é o riso espontâneo da alma.

424. Não há mistérios no amor, é nele que tudo se revela.

425. Em meio aos gritos e histerias deste mundo, gosto de ouvir a sua doce voz em minha alma. Refrigere-me...

426. Amar é, em essência, orar. Uma busca de compreender o motivo que teve Deus para criar quem amamos. Depois disso, é só gratidão.

427. Tudo é jeito. O seu jeito. O nosso jeito. Assim, me ajeito, com jeito, em você.

428. Quanta saudade dormita em mim! Gosto de apreciá-la em seu sono profundo. Não quero que acorde para um tempo que já não nos pertence mais.

429. CorAÇÃO: coloca cor na vida e vai.

430. Vista-me com seus olhos de amor, bem devagarinho, pois tenho pressa.

431. Te vejo nos olhos. Te vejo na mente. Te vejo na alma. Te vejo no coração. Te vejo...

432. E nessa de deixar para lá, nos deixamos.

433. De tanto contestar Deus, me enchi de vazios. Preencha-me...

434. Quando for escrever sobre o amor, escreva em voz baixa. É preciso ouvir o que cada palavra tem a dizer.

435. Olhar para você é um recomeçar em mim.

436. Das belezas da simplicidade. Do algodão-doce na praça. Do riso trocado de observar a criança que se encanta com os passarinhos. Do toque de mãos que se abraçam com os olhos e de toda a magia que só o amor contagia.

437. Se não fala mais de amor, acabou-se.

438. Das falas simples e sofisticadas do amor: eu orno com você.

439. Desobrigue-se do que tanto o maltrata e se obrigue a se sentir bem, com quem, com onde e especialmente com você.

440. Quando a poesia nos toca, a alma de cada palavra chama a nossa alma para dançar.

441. Seu choro faz chorar a minha alma. Sinto-a tanto, sinto muito.

442. Em sua boca, a palavra se põe a dançar. Gestos faciais alindam o seu falar. Uma arte para os outros admirar.

443. Você é a vista mais linda da janela do meu coração.

444. De tanto esconder os sentimentos, se perdeu da vida.

445. O amor que sinto antecede a palavra.

446. Beije-me. Abrace-me. Toque-me. Não quero o Verbo, quero-te.

447. Sim, ainda escrevo cartas de amor. Quero que me sintas em cada palavra, leia-me.

448. Olhei bem dentro dos seus olhos e vi tanta poesia que resolvi ficar e ler cada palavra em seus versos, um sarau em sua alma.

449. Eu, você, vinho e poesia. Uma imersão sentimental, totalizante e atemporal.

450. Se os olhos falam, me ouça. Tenho tanto a lhe olhar.

451. Não há amor que se vá. Se embora foi, amor não era.

452. De vez em quando, abra a porta que dá acesso ao seu jardim. Ainda que seja para você mesmo. Há belezas por lá que certamente jardinarão os seus olhos.

453. De tanto acariciar os meus olhos, sua imagem ficou gravada nas minhas pupilas. Uma fotografia cheia de amorosidade.

454. Existe sentimento a que não se dá nome. Que nos faz bem sem se apresentar. É algo espiritual, uma oração atendida pelo coração.

455. Por amores dançantes ao tempo. Das perfumadas cartas de amor escritas à mão. Dos olhares envergonhados e da intensidade da presença. E isso não é de outro tempo. É do tempo do coração, atual, eloquente e arrebatador.

456. Com elegância e delicadeza andas pelo meu coração. Um charme poético.

457. Aos poucos, o silêncio nos tomou, tudo se calou, se esvaiu, se foi.

458. Um sentimento bonito, diferente e singular. Que na palavra dita ou escrita não se pode achar. É do lado de dentro, não se vê nem se toca. Um sentir em versos. Uma poesia em mim.

459. Em seus silêncios, achei os meus barulhos. Resolvi ouvi-los com atenção, e agora estou aqui, consciente e de volta a mim.

460. Um amor à moda antiga. Não no tempo, mas nos gestos esquecidos. Amores com flores, cartas, risos, surpresas, poemas, bilhetes e toda gentileza delicada que enamora o coração. Um sentir sem culpas, desculpas, que abraça sem um dizer, que nos olha com ternura e perfuma o nosso viver.

461. Quantos aconchegos achei em seu coração... Descansei os meus olhos em seu olhar e tudo se fez paz. Um amor além da carne, sem igual, espiritual.

462. Não te deixes maltratar. Não te anules. Se te faz sofrer, sufoca e angustia, amor não é. Tem que ser leve e cordial, que te dê a sensação de que o extraordinário pode acontecer a qualquer momento.

463. Te sinto fora do tempo. Te vejo, mesmo que esteja distante dos meus olhos. Te percebo quando o vento toca a minha face. Sinto o teu respirar quando contemplo as flores. Te abraço com a memória e seus amores, e assim, todos os dias, tu vives em mim.

464. Vesti-me de poesia e fui ao baile dos sentimentos. Dancei com a alegria, com a nostalgia, com a saudade, com a generosidade e com o amor. E, por último, bailei com o tempo, que me olhava com atenção, e, ao término da música, me disse ao ouvido: "Gosto quando dançam. A vida não adoece. Me faz passar mais devagar, mas com intensidade, e assim, mesmo que não me percebam, eu os observo melhor".

465. Por sentimentos poéticos, que nos fazem comunicar purezas da inocência primeira, revelando olhares imaculados, para assim encontrar belezas em meio ao caos.

466. Hoje percorri as moradas do meu coração. Vi algumas vazias e outras sem nenhuma identificação. Nas das esquinas perderam a forma, nas do meio em reforma e nas do fundo, lá no profundo, faziam festa ao me ver. Iluminadas e coloridas, celebravam, com vida, o que de verdadeiro habita em mim.

467. Que delicadezas têm os gestos. Os faciais para expressar percepção do mundo, os corporais para reagir à vida, os sentimentais para dar forma à essência e os gentis para transformar tudo em movimentos de amor.

468. Nessa troca inocente de olhares indocumentados, quem diria que agora são corações entrelaçados!

469. Coloquei você no centro mais profundo do meu coração. Não para que fosse recíproco, mas para que você vivesse a experiência do amor gratuito, desinteressado e gentil.

470. Quero bem devagarinho ouvir a sua presença, sentir a sua respiração e, através dos meus olhos, abraçar a sua alma. Uma degustação amorosamente existencial, poética e sentimental.

471. Adornei-me de encantos quando os seus olhos acalmaram os meus.

472. Olhos de amor. Que afagam, abraçam e fazem dançar com delicadeza a vida que está em nós.

473. Não passe pelo amor, passeie com ele. Um passeio não como o do turista, que só vê o externo e se preocupa em registrar o momento, mas como o do peregrino, que olha para dentro e vive intensamente a experiência.

474. Como é lindo um coração floricultivado. Floreado de ternura, regado em generosidade e cuidado com amorosidade. Que pelos olhos nos abraça, nos acolhe e num desabrocho mágico nos chama para viver a vida.

475. Gosto dos aconchegos da simplicidade. Das conversas desinteressadas e dos cuidados gentis. Renovam o espírito e encantam a vida. Aconchegue-se ao que lhe faz bem…

476. Coração é patrimônio tombado. Não pode ser reformado, e sim restaurado. Restaure-se…

477. Não deixe de estar com quem te faça rir e se emocionar com a vida. Que te dê leveza, paz e uma sensação poderosa de vivacidade. Nenhum luxo deste mundo supera o afago dos gestos delicados que com amorosidade nos tranquilizam em ser apenas quem somos.

478. Não é sobre o que acontece do lado de fora, é sobre o que se construiu do lado de dentro, e que é inegociável com o mundo, pois pertence ao que não se vê, não se toca, apenas se sente. O olhar que só vê por fora não dá conta da imensidão de um coração que tudo enxerga com a alma.

479. Decepcionar-se é desencantar-se. Tudo fica sem cor, o corpo fica sem canto e perdemos o olhar mágico do encanto.

480. Agrade-se. Mime-se. Elogie-se. Abrace-se. Olhe-se. Sem toxicidade. Apenas não se largue.

481. Tudo parou. Nenhuma voz se ouviu. Respiramos o mesmo instante.

482. Ela toda dançante, e eu, pensante...

483. Hoje vi um jardim em movimento. Era como se as flores estivessem bailando. Rosas cantantes, crisântemos límpidos, amarílis e begônias formoseavam o canteiro, tudo em plena sintonia, rodeados de amores-perfeitos.

484. Se os rumos se desviaram. Se os caminhos não se encontraram, que pelo menos a caminhada vire poesia em nós.

485. Olhe devagarinho à sua volta. Há muita beleza fora do olhar costumeiro.

486. Ternura. Que palavra doce e cheia de inspirações. Afaga, abraça e cura. Ternure-se...

487. Passaste por mim. Muitos te viram e em rótulos estéticos se debruçaram. Eu só vi encantos poéticos...

488. Um olhar literário. Tantos encantos, que não se acham palavras.

489. Perdi o texto. Virei etcétera...

490. Beijo nas mãos. Que gesto simples, afável e delicado. Suaviza os olhos e mostra toda a arte do cuidado.

491. Hoje observei uma estrada de terra sem fim no horizonte. Vi calmaria. Vi solidão. Vi liberdade. Vi desapego. Vi vazio. Vi plenitude. Vi em meu silêncio coisas que habitam em mim. Hoje vi...

492. Foi uma revelação. Um desnudar. Se descortinou. E agora sou todo coração, só me resta pulsar...

493. Uma observação poética: venho sempre aqui para ler você em versos.

494. Uma admiração que não está do lado de fora. É de dentro, é da alma. O que é carnal não pode entender. Uma beleza de sentidos na qual o estético vira detalhe, o ter não pode ter e revela os olhos de ver.

495. Enquanto o vento dançava nas árvores, embalado pela música do tempo, me enchi de silêncios. Fugi de mim.

496. Não se descuide dos bons afetos. Olhe-os com gentileza.

497. Uma simplicidade refinada. Eu, você e um barco a remo. Na travessia do lago, ouvindo a serenata do silêncio cantante. Vigiados pelo sol em meio ao nada, onde tudo era o bastante.

498. Não está no mundo aparente. Faz a alma respirar. Um jardim que acolhe qualquer flor, não olhando a sua cor. Que linda e delicada é a poesia. Toca, acaricia e abraça quando sentida, vivida, cantada e encantada pela palavra que não se esvazia. Poetize-se...

499. Entre recordações e invasões de pensamentos repentinos, prossigo vivendo, revivendo e aprendendo com o que ainda insiste ser saudade em mim.

500. Um olhar feito de detalhes. Cada canto vira encanto. O não visto ou percebido se revela em belezas. Em sua alma, entre paredes, portas e janelas, surge um coração desenhado de afetos.

501. O silêncio me tomou os olhos. Você passou devagarinho. Em cada passo, se esvaía. E eu, para a memória que ama, entraria...

502. Uma beleza gestualmente delicada. Aformoseada em detalhes, artesanal.

503. Um sentimento cuidador, que sabe não ser dono e muito menos possuidor. Que se reencanta até diante da dor e segue o fluxo da vida, sendo todo amor.

504. Te ouvi com os olhos. Te vi com alma. E te toquei com o coração.

505. Uma contemplação artística da ternura.

506. Como não querer, se te quer o coração? Se queres ou não, querendo no agora, sem deixar que se torne ilusão.

507. Foi arrebatador e atemporal. Era tão próximo da minha alma que sabia sem querer saber, sem saber inteiramente o que sabia. Apenas sentia.

508. Que não sejam as minhas vestes. O que tenho ou deixo de ter. Que seja pelo que existe no meu coração. Sonda-me...

509. Gosto do amanhecer silencioso. Com o diálogo cantante dos pássaros e a brisa calma que acalma a alma. Ouço em mim os meus barulhos e silêncios. Um refúgio de esperança e redenção.

510. Quanta beleza há na generosidade. É um renovo cheio de emoções, que encanta, cura e canta aos corações. Um verdadeiro ministério de amor.

511. Vejo a ternura poética que desenha o seu olhar.

512. Onde nada habitava, a sequidão reinava e o coração era incolor. Do nada, do acaso e no espanto nasce o amor, e tudo passa a ter vida e cor.

513. Jardinei os meus olhos quando te vi. Tua presença em mim virou poesia.

514. Treine o seu olhar. Olhe tudo bem devagarinho.

515. Café e poesia, uma combinação precisa, seja de noite ou de dia, na palavra ou na escrita, na fala ou no silêncio, com aroma de flor e cheiro de amor.

516. Quanta delicadeza há no entardecer. Trazendo memórias acarinhadas com doces sabores da lembrança. Dos amores que se tardam na espera, sabendo serem atemporais. E que, indo embora os dias, outros virão como oportunidade para nos refazermos de amor.

517. Quanta elegância têm os gestos delicados que dirigem a atenção, o cuidado e o respeito com a alma que existe no outro. Só vejo belezas...

518. Em verso, prosa e declamação. No tempo, ao vento e no coração. Na rima ou não, você permanece assim... sempre uma doce poesia em mim.

519. Amor que não se cabe, que nunca se acabe.

520. Cancionei os meus olhos em ti. Dança comigo?

521. Sou dos encantos e delicadezas, me acolho no simples que deixa o olhar sofisticado, a alma em repouso e os abraços enamorados... Sou...

522. Não estava na ordem estética, do físico esculpido e curvilíneo. Foi um olhar de essência, uma sintonia poética. Apenas vi belezas e aconchegos na alma que habita o seu corpo.

523. Um inconfessável sentimento respira dentro de mim. Vivo-o em segredo, coração faz de conta que não vê, e a alma se distrai com silêncios.

524. No suave toque facial, com olhos abraçados, romantizei-me. Virei palavra, verbalizei-me…

525. Na gritaria do mundo, aquietei-me de silêncios. Confidenciei o meu coração.

526. Quantas ausências cheias de prantos! Preciso da presença como arte do encontro, de sonhos, afetos, belezas e encantos.

527. Na medida do possível, desmedidamente vivo o impossível.

528. Na memória, nos detalhes, na saudade… inundo-me em ti.

529. É com beijo quente que o coração fica ao ponto. Cozinhe--se de amor.

530. Foi um passear dos olhos, sinérgicos, na mesma direção, tudo delicadamente poético.

531. Na provisoriedade da paixão, criei permanências em mim.

532. Foi um olhar musical, o gesto facial ritmava com a alma e a letra, uma arte poética do coração.

533. Se dizes que estás louca, loucura-me.

534. Há tantas belezas do lado de fora. Procure aí dentro.

535. Entre tantas formalidades, o amor se foi.

536. Um amor à moda antiga. Beijei sua mão e acariciei sua face. E, em certa distância de corpos, me despedi com os olhos em profunda contemplação de afetos.

537. Em seus olhos, colhi poesia. E, em cada verso, vi o seu coração todo jardinado.

538. Enamorei-me não pelo que vi, mas pelo que senti. Em seus olhos repousei, e com sua alma me encontrei.

539. Não foi um sonhar acordado, e sim um dormir encantado. Com a alma em profunda insônia sentimental.

540. Coração não tem esquina. Não se encoste. Continue em movimento, o batimento que pulsa os sentimentos não pode parar.

541. Nenhum toque sequer, foi à moda antiga. Os olhos se perseguiram. O arrepio da presença nos tomou. Olhos acariciados de alma. Corações abraçados de calma. E, assim, toda palavra era poesia.

542. Eras uma flor amarela, que vi da janela. Tão bela. Vigorante e delicada, sutil e empoderada. Flor, amor, encantos, enfim, um jardim poético em mim.

543. Não tentes me colonizar, não serei o que queres, pois, sendo assim, deixo de ser quem sou... uma alma una, indivisível e atemporal.

544. Ninguém nasceu para ser metade de alguém. É na inteireza que o amor se faz. Tão totalizante que, quando o outro se for, sentirá que está longe, não de ti, mas de si mesmo.

545. Hoje não encontrei nas palavras o que estou sentindo... Sinto muito... sinto.

546. Você, eu, poesia e vinho. O mundo parou. Quietude no céu, completude na terra.

547. Você é um verso poético em meio ao meu caos filosófico.

548. Seja gentil e educado. O amor não suporta grosserias. Se releva, amor não é.

549. Se achegue. Se aconchegue. Sossegue. Fique um pouco com seus silêncios. Deixe os barulhos do lado de fora.

550. Pare de confinar o tempo do coração, o amor viaja distâncias.

551. No amor, quando o "nós" não é mais resposta, é porque os afetos sucumbiram à dúvida.

552. A arte da presença que acolhe, recolhe, adoça e encanta a alma.

553. Sei o que vi, se percebestes ou não, em mim ficarás...

554. Quando achamos que pelos vínculos afetivos o espaço do outro também nos pertence, iniciamos lentamente a desconstrução do que era verdadeiramente importante.

555. O coração guarda memórias em seus recônditos... que o mundo aparente não pode alcançar, compreender ou imaginar.

556. Uma coisa é você deixar para trás o que lhe faz mal; outra, é deixar pedaços de si mesmo. Não estar inteiro é zumbizar em vida. Nos desencontramos no tempo, se cedo ou tarde, somos saudades do que o coração insiste em nos lembrar.

557. O que de belo meus olhos viram não era estético. Era de alma, uma indispensável necessidade de maravilhar-me e enamorar-me.

558. Olhos dançantes, uma maravilhosa sinfonia. Uma orquestra de afetos ritmando os nossos corações.

559. Todo encantamento é desajeitado. Procuramos o sorriso um do outro, os olhos circulam em dimensão hipnótica, e, quando encontramos o senso de humor, o mesmo gosto literário, a visão afetiva sobre o mundo, as coisas e o tempo, acende uma luz no corpo, é o sinal de que o amor chegou. Viva-o...

560. Foi uma dádiva. Mudou o meu coração e em ti repouso a minha alma. Não me importo com os jugos seculares, sei em quem creio e não o negarei diante de qualquer honraria deste mundo. Preciso de ti, Senhor.

561. Em teus olhos fiz morada. Um abrigo de ternura. O que estava em mim doendo teu abraço fez cura. És encanto e alento. Quando penso, vira verso, e se canto é cantiga, a palavra toma vida e assim nasce, renasce, aflora e aviva.

562. Fui ali... para um lugar fora do tempo. Por precaução já aviso: Não sei se volto a tempo do seu tempo. Temporalizei-me do que gosto, do que quero, do que sinto e do que sou. Tempo ao tempo, do tempo que tenho em mim.

563. Gosto de vigiar os entardeceres, nunca se repetem e agem silenciosamente. Apagam com leveza e bem devagarinho a luz do dia. E caprichosamente vão nos entregando esperanças para o que há de vir.

564. Não se embriague de futilidades, prove-me.

565. Um olhar que acaricia e afaga o coração, plantando na alma um jardim acolhedor. Um aflorado sentimento de cuidado, jardinado de encantos, que cura os prantos e suaviza a vida.

566. Abrace-me com os olhos, com a alma e com o coração. É preciso permanecer em nós, diante de tudo que nos separa.

567. Matematizei em mim todos os afetos. Não para quantificar, somar, diminuir ou multiplicar, e muito menos para raciociná-los. Foi apenas para vê-los inumeravelmente.

568. De longe a vi. Com um vestido primaveril. A passos largos, aproximei meus olhos. Uma beleza incomum me tomou por inteiro. Tudo virou paisagem, um quadro pintado à mão com pincéis do coração.

569. Em tempos rasos, procuro benfazejos para o meu coração.

570. Um amor sensorial. Que se sinta sem tocar. Que acolha sem se apropriar. Que se tenha sem dominar. Que se queira estar sem se obrigar. Que não se defina pelo "minha" ou "meu". Mas que seja nosso, leve, saudável, desperto, avivado e aflorado de boas sensações.

571. Docilidade, mesmo que o mundo nos agrida. Guarde o seu coração.

572. Jardinei o meu coração de bons sentimentos, aflorei os olhos da alma, o infortúnio não me depreda. Poetizei-me de vida...

573. Coração endereçado. Com atrasos, voltas e desvios, o destino é sempre o mesmo... Você.

574. Acarinhei sua face. Beijei sua mão. Me despedi com os olhos e agora sou todo coração.

575. Não demores para me perceber. Sou acaso, repentino, e tenho pressa em viver.

576. Manga verde com sal. Goiaba, maçã e uva com casca e tudo. Abacate com açúcar. Cana no dente. Sou dos encantos do interior, que interiorizam em mim belezas e memórias que amo.

577. Quero ser a justa medida, sem excesso nem falta, entre uma gota e outra da chuva que cai no seu jardim.

578. Depurei dos meus olhos os entulhos alheios. Quero por perto gente colorida, de alma que desenha a vida com os encantos, que diante do acaso, da dor e do infortúnio também sabe ser colo, abraço, afago e canto.

579. Formidável, afável, adorável... um refinamento de sentido aos olhos. Vi, percebi e nunca mais esqueci...

580. A doce paquera. Dos olhares desviados. Sorrisos de canto. Corpo desajeitado diante da sensação do acaso. Do frio na barriga com a expectativa da presença. Um encanto que canta por dentro e melodia a vida...

581. No começo, o susto do amor e suas explosões sensoriais, e, depois, uma intensa ataraxia almática. Nos poetizamos.

582. Sou dos entardeceres encantados, e, do nada, você amanheceu em mim.

583. Foi uma contemplação de delicadezas. Não era necessário tocar, apenas sentir o espetáculo de afetos que a maldade do mundo não pode alcançar.

584. Não foi um olhar, e sim um convite para uma festa no meu coração.

585. Por corações quebrantados. Não em pedaços, mas desarmados dos ruídos e fatalismos do mundo. Capazes de transformar as emoções em respiros da alma. Que acalmam, acolhem, envolvem e nos devolvem o que de fato somos.

586. Dos amores possíveis, impossíveis, próximos e distantes, com sabores e dissabores. Se são, se foram ou sabe-se lá se estão por vir. Na memória, no esquecimento ou no agora, viva-os...

587. Suavidade em verso. Resistência em testemunho. Polivalência na essência. Jardim florido e terra arada, virada e jamais tombada. De Beauvoir, o tornar-se Mulher. Respeite e aceite o ELA em todas as suas formas, almas, vestes, sendo o que quiser, sempre Mulher.

588. Sim. Era amor. Era calor. Era intensidade. Mas não lamento o fim. O amor, não importa a sua forma, não é um estado de recepção, e sim de doação. Tudo fica mais leve quando tiramos de nós a falsa ideia de que tudo tem que ser recíproco.

589. Nos jardins dos mundos infindáveis, as poesias se encontram. Por favor, deixe-me aqui, aconchegado entre suas flores.

590. Na despedida, beijei suas mãos, olhei em seus olhos e com afago toquei a sua face. Ternurei o momento, apaziguei o meu coração.

591. Há relacionamentos que se acostumaram com a dor. Adoecem com o conformismo do não viver. Observe: se há medo, angústia, anulação do que se é ou prisões emocionais, liberte-se. Rompa com suas desculpas tranquilizantes. Seja o seu próprio olhar vigilante.

592. Depois de te olhar, paquerei meus pensamentos. Enamorei-me não do que vi, mas sim do que senti.

593. Não dicionarize os meus sentimentos. Suas palavras não dão conta.

594. Uma saudade que não passa. Não cessa. Não se esvai. Que não se fez por apropriação, e sim pela memória que ama. É mais do que ver e tocar, é um sentir jardinado. Perfumado de alma.

595. Disfarçamos os olhares. Disfarçamos nossas presenças. Cultuamos um imaginário e, entre tantos papéis, esquecemos de viver o que sentíamos. Era, de fato, um amor teatral. Sem plateia. Uma encenação de nós mesmos.

596. Nos despedimos de nós. Não havia mais espaço nos vazios que criamos. Quanta beleza há lá fora quando somos capazes de nos libertar do costumeiro. É preciso seguir...

597. Quantos gestos delicados. Um bailar dos olhos. Em dois passos pra cá e dois pra lá, dançamos desinteressados do mundo.

598. Fiz demorar os meus olhos em ti. Me enamorei sem pressa. Lentamente. Detalhadamente. Cuidadosamente. Me poetizei...

599. De tanto procurar palavras do lado de fora, encontrei uma frase inteira dentro de mim: conheço o seu coração. Sondo a sua alma. Conheço a sua luta. Insista. Persista. Estou com você. Esperançar sempre!

600. Sem essa de juras de amor, apenas o testemunhe.

601. Suas almas se unificaram. Já não era mais possível ver a costura que os uniu. Fugiram do tempo das horas. Um amor sideral...

602. Feliz tempo dos amores no banco da praça. Indocumentados e serenos. Desinteressados de qualquer benesse material. Amores nascidos do simples. Da pipoca compartilhada. Do toque nas mãos. Dos olhos tímidos. Dos arrepios só de pensar no próximo encontro. Amores com pés descalços e almas vestidas de corações sofisticados. Amores...

603. Liberte-se das bobagens que fazem o tempo se esvair. Que nos tiram a intensidade de viver. Olhe nos meus olhos. Você sabe quem eu sou.

604. A música rememora o que nos fez bem. Uma anamnese de bons sentimentos. Que faz a vida ser uma sinfonia que sintoniza em nós o bendizer, o bem-querer, a presença suave que toca o nosso coração... Se ouça...

605. Como é bonito um olhar amoroso. Que te pega no colo em dias tristes. Que sabe o que você está sentindo. Que encontra os seus olhos na multidão. O olhar que acolhe, abraça e, em silêncio, se torna a palavra certa. Um olhar que não vê o que você tem, simplesmente enxerga o que você é e o aceita. E, às vezes, está tão perto. Atente-se. Observe. Ele está te olhando...

606. Poetizei minhas dores e amores. Romantizei o meu olhar.

607. Enamorei-me de cantos, espantos e encantos. Não me julgue, só quero amar...

608. Pelo toque das mãos abraçamos nossas almas. Uma arte cinestésica de sentidos, afetos e significados. Nos tiramos do mundo...

609. Saudade que aperta. Memória que afaga. Cheiro que aproxima. Tudo atemporal. Sem vendaval. Um repouso de alma que respira e acalma os olhos do coração.

610. Dos gestos delicados e dos olhares trocados, florescemos. Jardinamos nossos afetos e tudo virou poesia. Agora sou verso, e você, inspiração.

611. Ouça essa canção. Esqueça suas dores. Acalme o seu coração e dance comigo, querida minha.

612. Me abrace com força. Não tenho tempo para coisas mornas e desalmadas.

613. O doce e delicado olhar. Daqueles que poderíamos entrar várias vezes nas águas do rio de Heráclito e nada mudar. Seria o mesmo rio, as mesmas águas, você e eu...

614. Chegou bem devagarinho. Não fez barulho. Foi se ajeitando em meus silêncios. Das boas memórias, transformou-se na mais tranquilizadora. Virou versos aos meus olhos. Me poetizou...

615. Assim como ele balança as folhas, devemos nos mover de amor. Isso nos torna o próprio vento que acaricia a face. Que refresca o corpo. Que acolhe a alma triste. Mesmo que ninguém veja.

616. Amor para despertar. Amor para acreditar. Amor para perdoar. Amor para se aceitar. Amor para aceitar o outro e o diferente. Amor para ser solidário. Amor para esperançar. Amor para não desistir. Amor para seguir em frente. Amor para não se anular. Amor por Amor, que seja sempre o maior movimento das nossas vidas.

617. Só se pode viver perto de outro e conhecer a outra pessoa, sem perigo de ódio, se a gente tiver amor. Qualquer amor já é um pouquinho de saúde, um descanso na loucura.

618. Tempo com vento, com ruídos, com estampidos, com embrulhos, em silêncio, acertos e desacertos... Tempo sem tempo, no seu tempo... no tempo dos outros... Tempo.

619. Olhe para o horizonte... Entre tantos significados, você verá o exato momento em que o céu beija a Terra. Poetize-se.

620. O amor não é uma data. Não é uma foto nas redes sociais. Não é um produto de mercado. O amor é aquilo que acontece quando ninguém está vendo. É insondável dentro do coração.

621. Te vi com os olhos dos meus olhos. Te percebi pela presença da tua alma. Nada foi estético. Não se tratava de corpos e suas aparências. Não era a vestimenta. Não eram os adornos. Te vi, percebi, não toquei. Apenas senti, e isso era o bastante diante de uma alegria incomum.

622. Não era o vento. Não era a chuva. Não era o tempo. Mas lá estava, sem movimento. Ao relento. Parecia tudo dor e sofrimento. Mas, como magia dos acontecimentos, num estalo você apareceu. A respiração virou verso, e o coração, um mar de sentimentos. Tudo se transformou em poesia.

623. Um coração agradecido não tem espaço para maus sentimentos. Valoriza cada momento da vida compreendendo a sua gratuidade. Ser grato é colocar a alma num estado pleno de servir. É um verdadeiro ministério de amor, mesmo que ninguém veja.

624. Nem uma palavra sequer. Era silêncio no Céu e na Terra.

625. Nenhum ruído. Nem o barulho do vento se ouviu. Os olhares foram sucumbidos pelo acaso. O mundo se tornou doce e gentil, inundado de delicadezas.

626. Uma flor pisoteada continua sendo flor. Uma flor reluzente no jardim continua sendo flor. Separada no ramo, continua sendo flor. Quando não percebida, permanece flor. Que beleza delicada tem uma flor. Em estado de graça ou machucada, flor se é.

627. Quando os olhos se encontram, as almas se beijam, o coração se deleita, o corpo se energiza e o cérebro assiste incrédulo a tamanho descontrole.

628. Como é bonito um coração quebrantado. Que se emociona e desmonta toda arrogância e altivez. Que chora sem medo. Que se abraça com a alma. Na sensibilidade, torna-se forte e acolhedor.

629. Te li num verso passado. Em prosa, te vi no agora. Na rima, achamos a nossa sonoridade. E, no final, era tudo poesia.

630. Não quis o toque nas mãos. Rejeitou o abraço ofertado. Preferiu a distância da presença. Endureceu-se. E eu... continuarei... serei... permanecerei... todo coração.

631. Foi um descansar dos olhos. Tudo parou. A música silenciou. Não houve um ruído sequer. Uma pausa no tempo. Era você, eu e o inesperado. O amor nos soprou.

632. O poeta através da palavra grita, delira, comove, incomoda, afeta, enamora, faz sorrir, faz chorar, causa indignação, emociona, silencia, provoca, liberta e externa tudo que é humano. Em vida, o poeta respira com a alma, e na finitude se torna a sua própria poesia.

633. Hoje acordei com aquela música. Aquela que tumultua os pensamentos e arrepia o corpo. Aquela que um dia nos melodiou e éramos a própria letra. Não tinha refrão. Sem repetições. Sem bordão. Não tocou pra fora, era audível apenas em nosso coração. Ouça-o.

634. Não quero uma vida de rascunhos. Sou texto original. Quero ser a palavra descontínua em busca do que não se lê. Não escrevo para terminar, sou feito de recomeços.

635. É no seu olhar de aconchego que encontro morada. A dor desaparece. A inquietação se torna calmaria e a ternura resplandece. Uma alegria incomum se aviva e tudo vira brisa de uma árvore sombrosa em dias quentes.

636. Estava tudo barulhento. Perguntei se poderia te abraçar. Você consentiu. Ficamos envoltos de nós mesmos. Tudo silenciou. Viramos versos.

637. Há tantos amores. Cada um com seu jeito e beleza. Gosto da diversidade do "eu te amo". Que triste o olhar que ritualiza os afetos. Um viver aprisionado à ordem moral. Amar é não dar forma. É viver o sentir luminoso da alma que ama.

638. Você é a calma que acalma a minha alma. Que aviva os meus dias e me faz sorrir em meio às ausências de mim mesmo. Uma arte da presença infindável...

639. Passou o tempo. O nosso tempo. A cronologia das horas nos sucumbiu. Viramos passado. Não há mais espaço para o lamento. Amar é se eternizar na memória.

640. Não era sobre corpos. Não era do mundo estético, foi um observar de arte. Um deslumbrar de alma. Em ti, só vi cores e gestos. Um enamorar de encantamento.

641. Enquanto os outros a interpretavam pelos olhos do aparente... eu a lia em cada palavra gestual. Mas foi em seus silêncios que achei o meu lugar.

642. Sim, foi uma permanente desobediência da razão. Não me culpe por isso. Sou todo coração.

643. Ao fechar e abrir os olhos poetizamos o tempo. Amanheceu. Entardeceu. Anoiteceu. E aqui estamos. Sendo apenas versos, inversos, inteiros e intensos.

644. Se for para brincar, quero ser o vento que desarruma o teu cabelo, que ventila a tua face e te faz querer o abraço quente em dia frio. Eu sei que o vento passa... E está tudo bem...

645. Não se trata dos olhos do mundo aparente e julgador. Mas do mundo encantado que existe dentro de um coração que ama. Às vezes insondável, indomável e incompreensível. Que segue amando, sua única e indelével vocação.

646. Não foi um olhar. Foi um descansar dos olhos em ti. Não foi um abraçar de braços envoltos. Foi um respirar de almas viventes. Não foi um encontro... foi um sarau poetizado pela ternura da presença...

647. Foi um acaso de afeições. Talvez nada que floresça. O mais importante são as sensações da memória que acolhe, que abraça o imaginário e que aviva o coração. Somos saudades...

648. Nos instantes achamos o eterno. Fique atento aos sinais. Eles começam dentro da gente.

649. Quando debruço os meus olhos em ti, vejo uma carta de amor.

650. Distante dessa linguagem cortada, abreviada e não elegante dos sentimentos virtuais. É um tocar de mãos musicalizado. Os olhos dançam em cada letra cantada pelo coração. Leia-me...

651. Com os olhos, enganamos a finitude. Com o beijo, deixamos a efemeridade atemporal. Com o abraço, transcendemos o além. Nos infinitamos de sentimentos...

652. Encanta-me o trecho dessa música: "Tudo sabes de mim quando sondas o meu coração, e tudo podes ver". [trecho da canção "Teus olhos revelam", da cantora Jozyanne]

653. Há uma beleza incomum no encontro de almas que se beijam. Que se acariciam pelos olhos. Que se sentem pela ponta do nariz. Tudo fica intenso, transbordante e ao mesmo tempo sereno, calmo e delicado. E quando as palavras não dão conta do sentir, os silêncios viram versos dentro de uma poesia barulhenta de amor.

654. Fui passear pelo jardim dos meus afetos. Alguns achava que não mais existiam; outros me acenavam reafirmando sua existência. Percebi alguns se escondendo. Observei entre eles aqueles que preciso esquecer. Mas na saída fui abraçado pelo mais precioso deles, que me disse: "Não me deixe apenas aqui dentro, pois é lá fora que afloro por inteiro quem você é". Me jardinei de esperança e prossegui...

655. Dos amores vividos, esquecidos, lembrados, abandonados, adiados, platônicos, tangíveis, intangíveis, próximos, distantes, achados, perdidos, fortes, fracos, vestidos, desnudos, ilusórios, abundantes, esvaziados, aquecidos, frívolos, intensos, encurtados, silenciosos, barulhentos e outros... que nos fazemos, somos, seremos.

656. Não compreendi tamanha intensidade. Não havia tempo para tanto.

657. Foi um vendaval de sentidos e sensações. Nos desprendemos do mundo e de tudo que dele se pudesse explicar. Demos potência ao improvável e esvaziamos a razão. Nos habitamos de vontades consensuadas... Viramos moradas de nós mesmos.

658. O vento carrega cheiros, presenças, aconchegos, afagos e sensações que se eternizam na saudade que sopra a face, dando-nos o mágico sinal da alegria incomum que refrigera a alma e aviva a vida. Abra agora suas portas e janelas e sinta o renovo ventilar, iluminar, suavizar e abraçar o seu coração.

659. Em meio à multidão, nos percebemos. Nos acolhemos. Disfarçamos com um sorriso deslocado. Desviamos toda a atenção para dentro. E no aconchego dos nossos corações, nos tocamos de sentidos. Foi um permanecer fora do tempo, das coisas, dos outros... foi...

660. Foi um virar de esquina. Desapareceu dos olhos. Uma sensação do nunca mais ver tomou-me conta. E nada de infortúnios. Continuo aqui... transeunte de amor. O bom mesmo é sentir. É um sorrir para dentro. Uma revolução de instantes que transforma o tempo em memórias pulsantes, vibrantes... capazes de arrepiar a alma, acalmar os olhos e respirar o coração. Poetize-se...

661. Hoje, distante de casa, distante dos meus, me dediquei às observâncias da vida. Vi um casal de idosos com mãos entrelaçadas olhando para o horizonte. Observei uma criança regar uma flor com uma alegria incomum. Flagrei um cachorro olhando atento para a rua da janela de um prédio. Me deparei com um pássaro todo colorido e elegante na ponta de um canhão em exposição. Senti o vento sutil e sereno vindo do rio, andei saudoso... Olhei... Me enchi de flores e cores do jardim do meu coração.

662. Quanta delicadeza há na simplicidade de uma alma que ama. Mesmo diante do caos é capaz de se apegar às belezas da dor que ensina. Que faz das ruínas emocionais saberes especiais. É um estar no mundo por inteiro. Faz do caminho um campo verdejante de gestos cheios de nobreza. Como é bom estar perto e sentir a presença que colhe e acolhe. Anime-se... Alegre-se e alme-se do que lhe faz bem...

663. Não te preocupes. Não te zangues. Não te desesperes. Não te esvazies. Não te machuques. Não te demores. Apenas me abraça e me beija, querida minha...

664. Que especiais eram os bilhetes de amor. Quando menino, indocumentado e feliz, escrevi um bilhete com letras tortas garranchais, subindo e descendo morros só para dizer à amada: "Você é linda e eu gosto de você". Sim, era uma escrita imperfeita, mas cheia de significados e delicadezas. Um pedacinho de papel com uma imensidão de inocência afetiva. Vamos nos abilhetar das amorosidades da vida…

665. Buscava palavras. Garimpava a imaginação. O texto não saía. Fui atrás de contextos e aforismos, narrativas do nada. Sucumbi à solidão da escrita. Olhei para a janela. Elevei os olhos aos céus, sem saber o que procurava. Então, eis que surgiu um mar de estrelas mais parecidas com almas que riam e diziam umas às outras: "Olha, ele nos viu!". Então disseram: "Volte ao texto, e comece, Céu…".

666. Não foi um olhar mundano, e sim uma observação poética. Uma arte cinestésica do corpo com refinamento de gestos delicados. Era um dançar da fala e da face sinérgicas. Um balé de imagens que fazia os olhos flutuarem. Encantos, tantos esses. Me enchi de afetos acústicos… Ouça-os…

667. Foi um suspirar dos olhos. Um respirar da alma. Um sussurrar do coração. Era uma frase sem texto. Não havia uma letra ou palavra sequer. Tudo era desenhado e ilustrado. Um amor artesanal, *gourmet* e feito à mão.

668. O amor é como o mar. Independentemente dos movimentos, ele continua com sua força.

669. Como é bonito ver alguém emocionado. A emoção revela o ser humano em nós. A capacidade de se emocionar é o Santo Graal da sabedoria. Se emocionar é estar imerso em nosso jardim de afetos. Cuide do seu jardim.

670. Olhos formosos e almáticos. Viveria por esse olhar em todo amanhecer e entardecer da minha vida. Olha-me com palavras que não são ditas, inaudíveis ao mundo e traduzíveis em mim.

671. Para os males da vida, poesia. Para os infortúnios, poesia. Para amores e suas dores, poesia. Para a solidão na multidão, poesia. A poesia tem um poder curador. Poetize-se!

672. Olhe com os olhos de dentro, para que possa ver com os olhos de fora.

673. Reivindicamos mais do amor o seu colo do que sua incrível inteligência.

674. Há palavras que são como flechas inflamáveis. Nos tiram o encanto e esvaziam o olhar. Que as doces e gentis palavras sejam sempre mais intensas em nossos corações.

675. Se ainda habita a memória, mesmo que você negue, não fale sobre ou disfarce com outros sentimentos, porque ainda está vivo e respira dentro de você.

676. Vestimo-nos pensando em como os outros nos verão e nos esquecemos do que não pode ser visto, tocado ou medido, e sim sentido com a alma e o coração.

677. *Dibata die. Muxima uami* ("Tua casa. Meu coração"). Encantam-me essas expressões em kimbundu, idioma de Angola. Elas dão alma à palavra "casa", no sentido de aconchego, morada e lar. E avivam a palavra "coração", sobre os sentimentos que nos habitam. O nosso Coração é a nossa Casa. Cuide dele.

678. O desencanto empobrece a alma. Nos separa da vida. Sou dos encantados, dos enamorados e exagerados de amor; não confunda com o otimismo tolo daqueles que o utilizam como disfarce. Me decepciono, me aborreço, sofro e me frustro, coisas dos viventes. Mas há tantas belezas e delicadezas ao redor... Basta estar atento, que o pó mágico lhe será soprado.

679. Não quero as paixões seculares, essas rasas e imediatistas. Quero com vivacidade saborear as intensidades do amor, com paciência e atenção, como a folhagem de uma primavera silenciosa.

680. Acho tão profunda e bonita a palavra "LUGAR". Pode ser físico, emocional, sentimental, real, irreal, espiritual, carnal, a gente, o outro... Uma predileção elegante. Um elogio poético: "Me lugarizei em você".

681. Ando desinteressado do tempo mundano. Quero me habitar de sentimentos atemporais, daqueles que a finitude não faz cessar. Sou dos emocionados, enamorados e das cantigas de ninar.

682. Se algo ficou de importante, é porque, em algum momento, existimos um para o outro.

683. Em meu texto preferido, você permanece poesia. Interminável e toda escrita à mão.

684. Não disse uma palavra sequer. Apenas me olhou com atenção. Leu-me em cada sentimento e, freirianamente, alfabetizou o meu coração.

685. Admiração. Que palavra forte! Não há possibilidade de amar sem admirar. Se assim não for, não é amor. Sendo só do corpo, da carne e do aparente, é tudo ilusão. Amar é respeitar, agregar e evoluir, uma contemplação do coração.

686. Nada de sentimentos menores, mornos e aguados. Gosto da intensidade, da potência que acelera o coração, que arrepia o corpo, que aviva o olhar e que me apressa em viver.

687. Uma borboleta amarela, tão bela e feita à mão. Borboleteava o vento, iluminava os olhos e delicadamente jardinou o meu coração.

688. Só têm fragrância duradoura as rosas da alma jardinada.

689. Eu a vi pela janela, não vi corpo e não ouvi a voz. A janela virou tela, uma arte no meu coração.

690. Seja o olhar gentil que acolhe, abraça, escuta e não faz acepção, que reconhece os outros apenas pelo coração.

691. Um respirar delicado, um existir sem estar, que me acolhe com a alma e faz o coração repousar. Entre belezas e encantos, saio do mundo e me guardo em seu olhar.

692. Não era secular ou espiritual. Talvez não fosse de um mundo definido. Na busca por lhe dar um texto, eu só via poesia. Gestos faciais ritmados, mãos delicadas ao vento, riso perfumado e olhos cerejados.

693. Um convite floral. Um jardim poético em grande esplendor. Entre tantos encantos, toda flor desabrochada em sua alma era um doce canto de amor.

694. Por sentimentos alfabetizadores. De A a Z, toda palavra é (DE)coração.

695. Leia e ouça os silêncios, há vozes e palavras dentro deles. Algumas de dores e gritos, outras requintadas de amor.

696. Se o dito "Você sabe com quem está falando?" ainda existe, é porque os iguais não se reconhecem.

697. É necessário inocular em nós sentimentos libertadores. Histórias lindas de amor se evaporam pelo desejo de propriedade. Amar é querer que os outros possam ser eles mesmos. E, atenção: com ou sem a gente. Não se desvalorize tentando aprisionar quem quer estar em outro lugar.

698. Entre detalhes e observâncias, gestos e olhares de cuidado, fez-se a arte do encontro. Sem preocupação com o que está lá fora, uma imersão de encantamento.

699. Estava numa loja de roupas. Um senhor puxou conversa. Me disse que tinha 80 anos de idade e 58 de casado, e que sua amada estava no provador escolhendo roupas. Falava com um olhar, um sorriso singular e uma tranquilidade incomum na alma. E lá veio sua amada, com os cabelinhos brancos e uma bengala. Ela lhe perguntou: "Ficou bem em mim essa blusa?". E ele, com voz do amor que ama, respondeu: "É você, meu bem, que deixou a blusa bonita". O amor é infalível...

700. Não temo o anoitecer e sua escuridão. Temo os que, diante da luz, escurecem suas almas.

701. Entre gritos, ofensas e vozes confusas, perfumei a minha mente e vesti de humanidade o meu coração. Prossigo...

702. Soletre em silêncio a palavra "PERDÃO" e verá que dentro dela há pessoas, fatos, sentidos, significados, resgate, amor, dor, injustiça, justiça, tristeza, alegria e outros afetos. Inunde-se do que vier à mente. Chore, sorria, se alivie, pois desta vida não levará nada. É neste tempo que tudo acontece. Apresse-se em perdoar. É doloroso, mexe com o ego, mágoas, certezas e incertezas, mas é libertador... Respire e vá.

703. A tristeza também me abate. Fiz da poesia uma oração contra os males do mundo. Não há como despoetizar o que já virou verso... Esse é o meu respirar... Que a sua vontade seja feita em mim... Poeme-se.

704. Hoje acordei nostálgico. Com saudades do costumeiro. De ir à livraria. Ver as novidades, embriagar os olhos nas orelhas dos livros. Cheirar o livro novo. Depois... ah, depois... sentar-me num café e me deleitar na introdução do livro escolhido. Entretanto, agora é o momento de nos protegermos. De cuidar uns dos outros. Os abraços adiados, os encontros esperados serão mais intensos se tivermos a vida como resposta.

705. Fernando Pessoa escreveu: "Quando te vi, amei-te já muito antes". Que beleza poética! Esse "muito antes" não está no mundo aparente. Está no invisível do invisível que se torna visível. É uma transcendência da alma para o coração.

706. É de recomeços que o coração se alimenta. Iludido o entendido que se acha sabido sobre as dores e sabores de amar. Por isso, chore. Revire-se na insônia da noite. Coloque para fora a angústia da distância. E aguarde, seu novo recomeçar está a caminho.

707. Aos olhos, tudo era aparência. Então, a li pela alma. Achei versos. Mas verso ainda não é poesia. Vou esperar o *vertere*, do latino *versus*, que quer dizer "retornar". Quem sabe o poema se completa.

708. Lagrimar-se de emoção é um dom. Que todo coração de pedra passe a ser rio de água viva, para que a vida possa fluir e a alma sorrir.

709. Com os meus olhos fotografei o seu olhar, que no álbum do meu coração irei guardar.

710. Há risos do lado de fora sedentos de alma por dentro.

711. Da minha boca se fez taça. Um sabor frutado de amor tomou-me do "Ode ao vinho", de Neruda. Um *blend* poético de intensidade e ternura.

712. A poesia mais completa é a inteireza do meio, nada trivial e toda diferente: metade de quem escreve, metade de quem sente.

713. Quando os olhos já não se falam mais, é porque o coração ficou sem assunto.

714. Aquiete o seu coração. O barulho do lado de fora nunca pode ser maior do que a sua paz do lado de dentro.

715. Vou ler tudo o que sinto, uma revisão de todo o texto do meu coração.

716. Por um amor maduro, de alma que acalma, que das dores do mundo nos salva com seu olhar cordial. Do para sempre que nunca acaba, um sentimento sem igual.

717. Elegância gestual, firmeza no olhar e refinamento no se comportar. A tríade perfeita para se encantar.

718. Escrevo bilhetes de amor. E os escrevo a lápis. Não para poder apagar alguma palavra que deixei de sentir, mas para lembrar que o amor é como a ponta do lápis, e é sempre necessário remover as lascas da ponta para se manter a palavra.

719. Das belezas do aconchego, como o passeio desinteressado sem destino, da conversa desnudada de vestimenta moral e do ter, da satisfação plena da presença que acalma e sustenta... e nada mais... É isso, é sobre isso, não mais que isso... isso...

720. A verdadeira beleza não surpreende, mas preenche.

721. Todo gesto de carinho eterniza a memória.

722. Sou dos que manifestam afetos, dos que acreditam na ternura como cura. Me entristece a mornidão, tira todo encanto e esvazia as belezas do coração.

723. Disse-me que tinha amor, aconchego e vinho. Se é ilusão, eu não sei, mas com a taça irei.

724. Não se sinta só. Na ausência, abrace-se na presença da memória. O que se ama nunca vai embora.

725. Como é bonito um amor cortês. É delicado nos detalhes e sempre espera a sua vez.

726. Para almas rabiscadas o mundo sempre será rascunho.

727. Não quero óculos para enxergar o que os outros veem. Deixe-me com minha miopia sentimental.

728. – Nossa... passou por mim e nem me viu!
– Jura? Onde?
– No jardim.
– Ah, sim... Não fique triste, confundi você com as flores.

729. Me alegro quando através da poesia vejo uma alma musical. É dançante aos olhos, faz vibrar o coração, espanta toda tristeza e com a palavra que acolhe nos convida a dançar com a vida.

730. – Me conta.

– O quê?

– Como foi lá com ela?

– Só vi poesia.

– E depois?

– Até hoje vou dormir lendo-a.

731. Deseje desejar, desejando o desejo, deseje-se.

732. "O que a memória ama fica eterno. Te amo com a memória, imperecível."

– Adélia Prado

DO AMOR QUE NUNCA ACABA

DO AMOR QUE NUNCA ACABA

733. A minha avó, quando orava comigo, sempre usava esta frase: "Deus, bota reparo no Fernando, cuida do meu fio". Uma intimidade através da simplicidade com o divino.

734. Quando armava o temporal, a vó dizia: "Corre, meu filho! Vai cobrir os espelhos, senão vai atrair raio". Um clássico das avós, que vale pra vida toda; afinal, quanta gente há em meio à tempestade lá fora, olhando apenas para si. Sem empatia, sem compaixão e incapaz de perceber o mundo à sua volta. Mas o raio uma hora vem...

735. Não confunda sofrimento com infelicidade. A vó sempre me dizia: "Fio, a vida pode nos ferir, mas o amor sempre será a cura". Quanta gente passando por lutas inglórias, sobrevivendo – o que já é estar em desvantagem –, mas que, mesmo assim, mantém a dignidade com um sorriso no rosto e é abundante no saber Ser diante de todo não Ter.

736. Dias difíceis. Eu tinha poucas peças de roupas, e todas bem usadas, com alguns furinhos refrigerados. A vó usava tintura para dar um ar de roupa nova. E assim, de tempos em tempos, a camiseta era azul, verde, vermelha, entre outras cores. Mas, no fundo, a alma da vó é que era toda colorida, e assim ela via o mundo. Mesmo diante da dor, me ensinou que, na escassez, a abundância do amor nunca falha.

737. A vó me levou para ir receber a sua aposentadoria. Era o lançamento do filme *E.T. – O extraterrestre*. Saímos do banco, e ela, a passos rápidos, me surpreendeu: "Fio, se apresse, que o filme já vai começar". Quando chegamos ao cinema, um luxo na época, ficamos maravilhados, era a primeira vez. Sentamo-nos na poltrona e, do nada, a vó sumiu. Quando apareceu, veio com pipoca e refrigerante e, toda alegre em me ver feliz, disse: "Pronto, fio, agora estamos preparados para ver esse bichinho estranho". O texto é só um relato, mas a memória é da alma que ama e eterniza belezas e delicadezas em mim.

738. Amanheci muito gripado. E a primeira memória foi a da vó, que num estalo se transformava em xamã, com seus chás e remédios caseiros. Mas o que até hoje refrigera a memória que ama era o dom do cuidado. Lembro-me de que, na hora de dormir (dormíamos todos no mesmo quarto), a ouvia em voz baixa: "Deus, cuida do meu fio". Que sentimento mais puro colocar alguém na sua lista de orações de todas as noites! A arte de cuidar. Amor imperecível.

739. A vó saía gritando na rua: "Fernando, vem fazer o dever". Eu não pensava duas vezes, e corria para casa. O mantra da vó era: "Faça o seu dever para conquistar o seu direito". Depois, eu poderia brincar, soltar pipa, jogar bola e ficar na calçada, só na resenha com os amigos. Uma sociedade acostumada a ter direitos sem o estado do dever, do dever ser, dever aprender, conviver, a ter, ser solidária, responsável com o meio, do dever cuidar, respeitar e fazer a sua parte, sempre será uma ameaça a si mesma.

740. Canapés. Massas folhadas. Filé-mignon em cubos na manteiga. Eu só pensava na torra do arroz da vó. Aquela rapa lá do fundo da panela. E ela dizendo: "Pode comer, fio, rapa tudo". Da memória que ama.

741. – Oi, fio. Você já chegou em casa?
– Oi, mãe, bênça. Cheguei, sim.
– Que bom. Agora dorme bonito. Deus te abençoe e te guarde.
Do para sempre que nunca acaba, amor ágape e incondicional.

742. Eu ficava maravilhado com aquele monte de doces. Era festa de Cosme e Damião. A vizinha, toda santarrona, desdenhava para a vó: "Dona Dita, não deixa o menino comer esses doces, não é *de Deus*, não". A vó me acenava, aprovando a minha alegria. De canto de boca, respondia para a agourenta: "Não é de Deus impedir que uma criança seja criança". E, de longe, me sorria com os seus olhinhos de amor.

743. A casa era velha aos olhos dos de fora. Os que passavam franziam a testa em expressão de horror. Já para mim, cada canto era feito de afetos. Sobre paredes, portas e janelas, o telhado era todo de sentimentos, sempre o imaginei como o abraço da vó. Tanta casa bonita e sofisticada por aí, mas desabitada de amor. Cuide das imagens que habitam o seu coração.

744. Em noites quentes, quando o calor consumia o sono, a vó jogava talco na cama para refrescar. Era assim, parecia que ela tinha superpoderes, para tudo a vó tinha uma alternativa. Ela mal sabia ler, mal sabia escrever, mas era mestra na arte da alfabetização dos bons afetos.

745. Aceitar o que te faz mal é se conformar com desculpas tranquilizadoras. Amor é repouso, é aconchego e terra fértil da esperança.

746. Lembro que, depois de pagar o aluguel, restou um saldinho, e comprei uma panela de pressão pra vó. Fui para casa com o peito estufado, riso fácil e todo faceiro. A vó chorou, me abraçou, disse que a de casa já não prestava e que já iria fazer feijão novo. E assim, nessas coisas simples, é que o se reencantar com a vida explodia dentro do coração.

747. Eu, o palestrante. O público, seleto. O lugar, refinado. Mesas em círculo, todos se viam, garçom de lá e de cá, brunch de respeito. Resolvi apreciar um canapé, que de pronto não dialogou com o meu paladar, e até hoje não descobri o que era. Por etiqueta, não o deixei no prato em meia mordida. Vi um lixo, e um ritual de gestos iniciei. Uma mulher me olhava assustada. Fingi normalidade. Como explicaria algo que vai além de crendice? A vó que habita em mim instruía: "Fio, comeu e não gostou, não tem a quem oferecer, pede perdão pra Deus, faz o sinal da cruz, dá três beijinhos e lança fora". Da memória que ama. Uma anamnese de bons afetos.

748. Estava envergonhado. A roupa que quando nova fora de alguém agora me vestia desajustadamente. Me negava a sair, sabia que me olhariam com desdém. Aí veio a vó, me olhou firme e disse: "Fio, você está lindo. Isso é só pano. O que importa não é o que está fora, e sim o que você guarda de bom dentro do seu coração. Vai pra festa e se divirta". E assim, até hoje me divirto, me emociono e me acolho na memória que ama e eterniza em mim os bons afetos como vestimentas da alma.

749. Vó sempre sabia como eu estava me sentindo. Ela dizia: "Fio, não gosto de ver você amuado. Vou rezar para tirar esse quebranto". O sorriso voltava e uma imersão de amor me tomava. Um quebranto de afetos.

750. Era um público de destaque. E eu, o convidado para uma reflexão final. Houve um pequeno atraso e, antes da minha fala, começou a ser servido um café luxuoso. Peguei um salgado que parecia uma obra de arte, mas, quando o pus na boca, senti que ele não dialogava comigo.

751. Tinha poucas peças de roupa. A vó ficava me esperando chegar à noite da escola, lavava a roupa e já colocava as meias para secar atrás da geladeira. Com um sorriso, me acenava todo o seu amor e dizia: "Fio, pode ir dormir. Amanhã é outro dia de vitória". Quem não se lembra de onde veio nunca vai saber para onde vai.

752. Sonhei um sonho bom. Ouvi uma voz baixinha dizendo “Fio... que Deus te abençoe”. Era a vó, com seus olhinhos de amor, que me acolhia e dissolvia qualquer dor. Um refrigério de bons afetos.

753. Era um tempo de aflição. Infortúnios me tomavam. Enquanto os amigos pensavam no próximo tênis, eu já sofria com o próximo aluguel ou cheque pré-datado no mercado. E, diante da aridez, como mágica surgia a vó brotando floridos de ternura: “Fio... senta aí. A vó fez bolo de fubá e passou um cafezinho”. E, assim, o tempo de esperança renascia em cada gesto da sua amorosidade.

754. Olhos de alma. Avivados de calma. Despertos. Abertos. Revelam. Aquecem. Decretam. Encantam. Não desaparecem. Permanecem no tempo e na memória, virou história em mim.

755. Minha irmã e eu comparávamos os copos para ver se alguém estava levando vantagem na quantidade. A vó só olhava, sorria com amor. Só quem experimentou a escassez sabe apreciar a abundância.

756. A vó nunca saiu no jornal. Nunca escreveu um livro. Mal sabia ler e escrever. Ela não tinha posses ou títulos. Mas a vó era um ministério de generosidade. Me mostrou, desde pequeno, o quanto o amor é capaz de nos transformar. Entre "bênção", "obrigado", "me desculpe" e "por favor", até hoje revisito em mim a sua existência doce e delicada.

757. Um ritual de amor. Todos os dias era eu rodando a antena, e a vó na instrução: "Mais pra direita. Agora pra esquerda. Aí… parou… não mexe mais. Corre, fio, a novela já começou". Das memórias que amo e permanecem em mim.

758. Hoje estou choroso. A memória que ama me visitou após ver uma das poucas fotos que tenho com a vó. Era um tempo de muita luta. Eu tinha voltado da imobiliária e ouvido do dono: "Não tem como pagar, vai morar embaixo da ponte". Cheguei em casa, e ela, como sempre, captava a minha alma. Sorriu. Pediu para a minha irmã tirar a foto. Me abraçou e disse: "A vó fritou casca de batata". A dor desaparecia e tudo se transformava em amor. E choro mesmo…

759. Na noite que passou, sonhei com a vó. Ela já não está mais neste tempo, mas continua no meu tempo. O diálogo era:

– Bênça, vó.

– Oi, fio. Deus te abençoe.

E assim, não importava a luta do dia. Ouvir sua bênção era um refrigério, o meu Santo Graal. Uma memória que ama, que permanece em mim.

760. Criança percebe – e muito – o que acontece à sua volta. Fui vender docinhos de leite para ajudar a mãe com as despesas (sem ela saber). Cheguei em casa triste pelo mau desempenho comercial. A vó me olhou e entendeu tudo, sem que eu dissesse uma palavra. Me disse que criança tinha que brincar e estudar apenas. Me abraçou forte com expressão emocionada. Me falou tantas palavras de afeto. Beijou-me na face e sorriu. Uma verdadeira prece poética.

761. Hoje senti aroma de lavanda. Lembrei-me do cheirinho da vó. Foi como se ela estivesse ao meu lado, com seus olhinhos de amor, me dizendo: "Fio... não se preocupe. Tá tudo bem". E dos bolsos do costumeiro avental me dava balas de hortelã. Inundei os meus olhos de afeto, ternurei a minha alma.

762. Em noites de calor, a vó jogava talco nas camas para amenizar a quentura e a gente poder dormir bem. Quanta beleza e ternura há no cuidado. O mundo lá fora podia estar desabando, aluguel atrasado, cheques a longo prazo no mercado e outros infortúnios. Mas ao amanhecer lá estava ela. Sempre com o seu amor ágape, incondicional, de prontidão, para que nada nos atrapalhasse em sermos apenas crianças.

763. Morávamos na casa mais velha do bairro. Em dias de chuva, eram baldes pra todo lado e um medo de a casa desmoronar. A vó achava um canto para ficarmos todos juntos. Entre raios e trovões, ela nos abraçava forte e dizia: "Está tudo bem. Logo passa". Quando a chuva parava, ela saía da casa e, em silêncio, erguia os olhos aos céus em posição de gratidão por nada nos ter acontecido. O amor sempre nos salvou.

764. Sou um cristão-filósofo, nesta ordem. Para muitos, isso é estranho. Como diria a vó: "Não orna". Já para mim é um deleite. A fé me acalma e me acolhe. Gosto do testemunho de Cristo, tanto espiritual como histórico. Me entristeço com o falso discurso moralista em nome de Deus. Não consigo ver Jesus incitando o ódio, fazendo campanha com "arminha nas mãos". Comemorando a dor alheia. Negando o diferente. Julgando. Creio, de verdade, que, se existe mesmo um inferno, deve estar desabitado pelo amor ágape, incondicional.

765. Na filosofia, a minha caminhada sempre teve forte ligação com as referências de Nietzsche, Schopenhauer, Roland Barthes, Jean-Paul Sartre, Simone de Beauvoir, Henri Bergson e *ela*, a inigualável Maria Benedita de Jesus. Que mal sabia ler, não publicou um livro sequer, mas deixou em mim o seu legado de amor e generosidade. Acordei assim hoje, cheio de saudade da vó. Ainda bem que Adélia Prado nos lembra que tudo que a memória ama é eterno. Te amo com a memória, imperecível.

766. Gosto de pedir bênção à minha mãe. Não tem nada de ritualístico ou religioso. Me cura. Me acolhe. Me fortalece. É uma celebração de amor em mim.

767. Gosto de futebol. Quando criança, os amigos me chamavam para o jogo, e, quando eu ainda não tinha terminado o meu dever, a vó só me olhava de canto. Era aquela olhada que dava arrepio no corpo todo. Ali, aprendi a relação entre Dever e Direito. Mas isso tem mais a ver com o olhar. O olhar que fala, educa, acolhe, exige e ama. Por olhares de afetos.

768. Quantas vezes minha irmã e eu fazíamos a refeição com a mãe e a vó em pé. Perguntava: "Mãe… vó… vocês não vão comer?". E ouvia delas: "Não, filho… a mãe tá cheia…", "Nossa… a vó não pode nem sentir cheiro de comida…", e, quando acabávamos de comer, sempre as ouvia raspando panela, juntando o que restava para comerem escondidas. A prioridade era a gente comer. Hoje as pessoas me olham como um produto pronto, dando-se o direito de achar isso ou aquilo. Valorize sua historicidade de vida. Saber de onde veio é mais importante do que saber para onde vai.

769. Quando tinha adultos reunidos em casa, a vó só dava aquela olhada de canto e eu já sabia o que fazer, desaparecia silenciosamente. Dava até um calafrio, dependendo da incisão dos olhos. Isso não tem nada a ver com o modo dos antigos. Não era só medo (medo bom). Era pedagogia do olhar, do respeito e de tantos outros valores que essa pseudomodernidade não é capaz de compreender.

770. A vó dizia: "Fio, não aponta pra estrela. Vai nascer verruga no dedo". Ontem, fiquei olhando o céu. Um silêncio dentro de mim ecoava bons afetos. Procurava na imensidão transcender a saudade. Observava meus dedos apontados. Quanta magia a vó plantou dentro de mim. Prossigo com seus sinais.

771. Ouvi uma pessoa dizer: “Vai armar tempo de chuva”. Lembrei-me da vó quando dizia: “Fernando, vou na feira. Se armar chuva, tira a roupa do varal. Não esquece”. Em uma das vezes, voltou para casa, viu a roupa no varal e começou a brigar comigo: “Eu te avisei, olha o tempo fechado”. E eu disse a ela: “Vó, tira os óculos escuros”. Silêncio. E ela, sem perder a autoridade: “Não interessa, vai chover e pronto”. Memórias de afetos.

772. Hoje passei em frente a uma casa onde morei. A memória entrou em erupção. Foi tanto sofrimento, mas o amor da mãe e da vó já eram alicerces para esperançar. O oficial de justiça à porta com a ação de despejo. Quando ele saiu, já estava a vó com o café em mãos: “Fio, não se preocupe. Senta aqui com a vó e vamos cafezar”. E com os olhos de amor tudo se esvaía, o mundo se tornava encantado novamente.

773. Quando criança, gostava de jogar futebol na rua. Os amigos passavam em casa e gritavam o meu nome. A vó só dava aquela olhada de canto e eu já sabia a resposta. Eu tinha afazeres na casa também. Se cumprisse com o dever, meus direitos estariam liberados. Não era sobre obrigações, mas sim um aprender a Ser. De viver no meio, e não do meio. Era uma revolução silenciosa de afetos, sentidos e significados.

774. A vó falava o caipirês, e quando eu a corrigia em alguma palavra, ela me dizia: "Se tá me corrigindo é porque entendeu, né? Beijo procê". Isso não tem a ver com as palavras, mas com a linguagem mais especial: a do amor. Dos gestos delicados. Do olhar que acalma e aviva o nosso existir.

775. Como é especial nos lembrar das coisas de que somos feitos. Dizia a vó: "Fio, vá, vai logo. Vá num pé e vorta notro". Hoje vejo a beleza poética dessa frase. Um jardim florido de memórias de onde brotam amor, bons afetos, ternura e aconchegos de alma. Tudo regado pela doce e vibrante esperança.

776. Outro dia, fui questionado sobre quem era essa tal de Maria Benedita a quem eu tanto fazia referência. Era uma intelectual? Que livro ou artigos havia publicado? Lecionara em qual universidade? Era doutora em quê? E eu, com alegria nos ouvidos, respondi: "Ela é minha avó. Já não está mais neste tempo, mas continua em meu tempo. Era semianalfabeta, gente simples, que veio da roça. Entretanto, tinha uma genialidade que não encontrei nos títulos intelectuais. Não encontrei nos livros. Não encontrei nas rodas eruditas". A vó era absolutamente incrível. Com sua simplicidade, me ensinou que existe o outro, que devemos respeito ao diferente. Me envolveu com sua sabedoria, entre "obrigado", "por favor" e "com licença", imprimiu em mim o sentimento de pertença e alteridade. Sou apenas continuidade...

777. Cresci sendo cuidado e educado por uma avó centenária. Rígida e, ao mesmo tempo, doce e amorosa. Um amor exigente, não no sentido da opressão, mas do coração. Baseado no "Te corrijo... repreendo... chamo a atenção... apenas porque te amo". A vó não está mais neste tempo, mas continua mais viva do que nunca no meu tempo.